Word 2010 Práctico

Word 2010 Práctico

RAFAEL ROCA

Edición: Rafael Roca Arrufat

Diseño y realización de la cubierta: Rafael Roca Arrufat

Comunicaciones: rafaroca.net/contacto

ISBN 978-1718821491

Índice del contenido

Contenido online en: rafaroca.net/libros/word2010

- Archivos complementarios para la realización de las prácticas

▌ INTRODUCCIÓN

Con este libro aprenderá a trabajar eficazmente con el procesador de texto más completo y popular del mercado: *Microsoft Word 2010*.

Word 2010 Práctico no es un manual al uso, con explicaciones pormenorizadas de todas las opciones, sino un libro con un enfoque funcional, en consonancia con el conocido proverbio: *"Quien oye, olvida. Quien ve, recuerda. Quien hace, aprende"*. En cada tema dispondrá de indicaciones y consejos para llevar a cabo las prácticas propuestas, a través de las cuales llegará a dominar la aplicación sin tener que leer largas exposiciones teóricas.

A la hora de decidir los temas a tratar y su orden se ha seguido un criterio pedagógico. Más que presentar farragosos bloques temáticos, la serie de temas sigue un nivel de dificultad ascendente y una secuencia lógica.

Por otra parte, aunque los temas iniciales tratan procedimientos básicos, los lectores con experiencia previa con *Word 2010* podrán acceder a aquellos que les interesen, prescindiendo de los que ya conocen.

¿Para quién es *Word 2010 Práctico*?

El libro está destinado a cualquier persona que quiera aprender las funcionalidades más importantes de *Microsoft Word 2010* para realizar cualquier tarea ofimática relacionada con el proceso de texto.

También en el entorno docente será un instrumento de enseñanza idóneo al facilitar la labor del profesorado y proporcionar a los/as alumnos/as prácticas interesantes, a la vez que relevantes.

Requisitos

Deberá tener instalada la aplicación *Microsoft Word 2010*, en el ordenador donde vaya a realizar las prácticas. Si no ha instalado la aplicación y necesita ayuda sobre cómo hacerlo, visite la web de Microsoft, **support.office.com** y busque la información referente a la versión *Microsoft Office 2010*.

Dado que *Word* se ejecuta en el entorno del sistema operativo *Windows*, necesitará conocer este sistema operativo — preferentemente, *Windows 7* o posterior— en cuanto al manejo de la interfaz, ventanas, menús, cuadros de diálogo, carpetas y archivos. En el caso de tener poca experiencia con el sistema operativo, es recomendable realizar el curso online gratuito "Windows: Gestión de archivos" en la plataforma web **formacion.rafaroca.net**.

Por último, habrá de disponer de conexión a internet para descargar los archivos complementarios de la página web del libro: **rafaroca.net/libros/word2010**. En esta página web se encuentran los archivos en una carpeta comprimida para facilitar su descarga.

La ventana de *Word 2010*

Nuestra primera tarea consistirá en conocer las **partes de la ventana** del programa para familiarizarnos con sus nombres y sus funciones:

1) Barra de inicio rápido
Contiene botones de comando habituales, como Guardar, Deshacer y Rehacer. Es personalizable.

2) Barra de título
Muestra el nombre del archivo y de la aplicación.

3) Botones de control
Minimiza, maximiza o cierra la ventana.

4) Cinta de opciones
Contiene todos los botones de comando del programa distribuidos en fichas y es personalizable.

5) Regla horizontal
Muestra el tamaño que ocupa el área de escritura en horizontal y los márgenes izquierdo y derecho.

6) Regla vertical
Muestra el tamaño que ocupa el área de escritura en vertical y los márgenes superior e inferior.

7) Área o zona de trabajo
El área donde llevamos a cabo el trabajo.

8) Barra de desplazamiento vertical
Para desplazarnos por las páginas, filas, etc.

9) Barra de estado
Muestra información sobre el documento, hoja de cálculo, objeto de la base de datos, diapositiva, etc. y contiene zonas activas con botones, como el zoom.

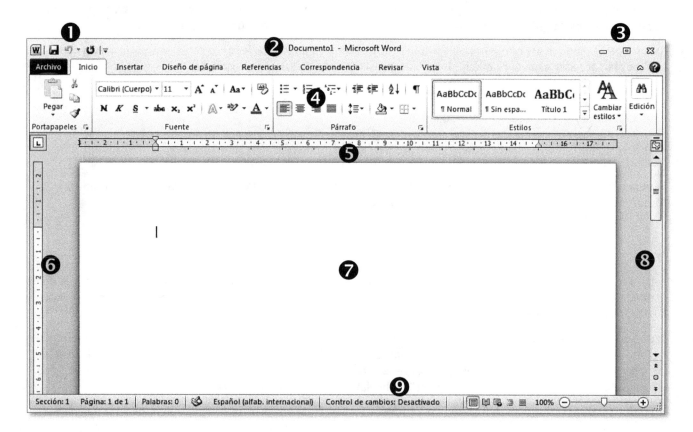

En la **cinta de opciones** encontramos los siguientes elementos:

1) Menú Archivo
Contiene las opciones habituales para trabajar con archivos (crear, guardar, abrir, cerrar, …) y las opciones de configuración del programa.

2) Fichas de la cinta de opciones
Cada ficha contiene los comandos del tema que indica su pestaña. La ficha de **Inicio** contiene los comandos básicos.

3) Botón de minimizar (ocultar) cinta de opciones
Oculta o muestra la cinta de opciones.

Botón de ayuda (?)
Muestra la ayuda de la aplicación.

4) Botones de comando
Realizan acciones determinadas, las cuales nos las indicará el programa al colocar el puntero encima de cada botón.

5) Menú del botón de comando
En forma de flecha debajo o a la derecha del botón de comando, proporciona opciones adicionales.

6) Grupos de opciones
Conjunto de botones de comando agrupados temáticamente en cada ficha de la cinta de opciones (fuente, párrafo, estilos, …).

7) Menú del grupo de opciones
Este pequeño botón en la parte inferior derecha de un grupo de opciones abre el menú o cuadro de diálogo con opciones adicionales asociadas al grupo.

8) Galería de estilos, formas, animaciones, etc.
Con las flechas de la barra de desplazamiento veremos las opciones sucesivamente, mientras que el botón inferior desplegará todas las de la galería.

Los botones de comando mostrarán un texto o se agruparán según hagamos más ancha o más estrecha la ventana del programa

Las fichas de la cinta de opciones se ampliarán cuando seleccionemos elementos gráficos o multimedia, trabajemos dentro de tablas, en encabezados y pies de página, en los diferentes objetos de una base de datos, etc.

Los elementos gráficos se insertan y se modifican de igual manera en Word, Excel y PowerPoint

Advertencia de seguridad

Las macros o macroinstrucciones son una especie de miniprogramas que podemos crear fácilmente y que realizan varias acciones en secuencia. Como estas acciones podrian ser perjudiciales si no sabemos quién ha grabado la macro, *Word* y los otros programas de *Office* pueden mostrar esta advertencia.

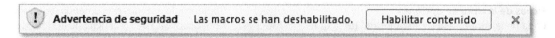

Ante tal advertencia de seguridad cabe cerrarla, habilitar el contenido si es nuestro o sabemos que es de confianza, o bien, clicar en **Las macros se han deshabilitado** y acceder a **Configuración del Centro de confianza > Configuración de macros** para establecer cómo han de comportarse los programas ante las macros.

Las indicaciones para realizar las prácticas

Para saber qué botón hay que clicar o qué opción hay que utilizar para realizar lo que se nos pide en cada práctica, en el libro se indicará, por ejemplo, de esta manera: **Diseño de página > Configurar página > Saltos > Página** o **Ctrl+Entrar**.

En este caso hay que insertar un salto de página en un documento de *Word* y la instrucción nos dice que hay que clicar en la **ficha Diseño de página**, luego, en el **grupo Configurar página** hay que clicar en el **botón Saltos** y, por último, clicar en la **opción Página**. O bien, pulsar la combinación de teclas **Ctrl+Entrar**.

El menú contextual

Además de los atajos del teclado y la cinta de opciones, contamos con otro práctico elemento: el **menú contextual**.

Las acciones más habituales que llevamos a cabo en *Word* y las demás aplicaciones de *Office* las encontramos en este menú, que aparece cuando hacemos clic con el botón secundario del ratón, del touchpad u otro dispositivo en un sitio concreto: un párrafo, una celda, una columna, una imagen, etc.

menú contextual

El puntero

La flecha normalmente asociada al puntero **cambia de forma** según donde la movamos para indicarnos visualmente la acción que se llevará a cabo al arrastrarlo o al clicar.

PUNTERO	ACCIÓN	CONTEXTO
⬉	Activar, mover	General: botones de comando, fichas, ventanas, cuadros de diálogo, selección
I	Mover el cursor, seleccionar texto	Texto (página, cuadro de texto, etc.)
⬌ ⬍	Cambiar anchura / altura	Ventanas, cuadros de diálogo, objetos gráficos, paneles
⸾⃗ ⸾	Cambiar anchura / altura	Columnas y filas de tablas
✛⬉	Mover	Objetos gráficos, texto, tablas
⬉⁺	Copiar (arrastrar con el botón secundario o con **Ctrl** pulsado)	Objetos gráficos, texto, tablas
↻	Girar	Objetos gráficos

El color de la interfaz

Disponemos de tres gamas de color en los que mostrar la interfaz del programa: **azul**, **plateado** y **negro**. Para cambiar la combinación de colores iremos a **Archivo > Opciones > General** (este cambio afecta a todas las aplicaciones de *Office*).

Temas generales por módulo

Módulo 1

- Escribir, Deshacer/Rehacer
- Guardar el documento
- Imprimir el documento
- Alternar documentos
- Vistas de documento
- Espacio en blanco
- Panel de navegación
- Regla

- Desplazarse por el documento
- Seleccionar con ratón y teclado
- Copiar, cortar y pegar
- Uso del Portapapeles
- Guardar con otro formato
- Formato de fuente
- Ortografía y gramática
- Sinónimos

- Configurar el idioma
- Traducción y referencia
- Formato de párrafo
- Marcas ocultas
- Estilos rápidos de párrafo
- Borrar formato
- Copiar formato
- Guiones

Módulo 2

- Guardar en otros formatos: *.pdf, *.txt, *.rtf, *.odt
- Abrir archivos con otros formatos
- Configurar la página:
    Márgenes

  Orientación
  Tamaño
- Encabezado y pie de página:
    Escribir y número de página
    Fecha y total de páginas
- Saltos de página manuales

- Cinta de opciones
- Barra de acceso rápido
- Sangría
- Bordes y sombreado
- Autocorrección
- Tabulaciones

Módulo 3

- Numeración y viñetas
- Lista multinivel
- Tablas:
    Insertar, tamaño y alineación
    Mostrar/ Ocultar cuadrículas
    Desplazarse
    Seleccionar
    Bordes y sombreado

  Insertar filas/columnas
  Eliminar filas/columnas
  Cambiar tamaño de filas/columnas
  Alinear texto
  Ordenar texto de la tabla
  Combinar y dividir celdas
  Dirección del texto

  Numeración y viñetas
- Buscar y búsqueda avanzada
- Panel de navegación
- Reemplazar
- Ir a
- Insertar símbolos
- Insertar elementos rápidos
    Información del documento

Módulo 4

- Imágenes:
    - *Insertar*
    - *Cambiar tamaño*
    - *Recortar*
    - *Contorno*
    - *Girar/voltear*
    - *Color*
    - *Estilo*
    - *Restablecer*
    - *Ajustar texto*
    - *Decolorar*
    - *Otras opciones de diseño*
    - *Precisión en los ajustes*
    - *Insertar en tablas*
    - *Insertar en encabezado/pie*
- Formas:
    - *Insertar*
    - *Modificar*
    - *Relleno*
    - *Contorno*
    - *Sombra*
    - *Estilo*
    - *Girar y voltear*
    - *Insertar texto*
    - *Ajustar a imagen*
    - *Ordenar y agrupar*
- Cuadros de texto
- WordArt
- Letra capital
- Notas al pie
- Copiar y pegar entre documentos
- Tablas:
    - *Convertir texto en tabla y tabla en texto*
    - *Repetición de filas de título*
    - *Ordenar datos*
    - *Buscar*
- Columnas estilo periódico

Módulo 5

- Combinar correspondencia:
    - *Cartas*
    - *Etiquetas*
    - *Sobres*
    - *Directorio*
- Plantillas:
    - *Crear documentos basados en plantillas incluidas*
    - *Crear plantillas basadas en plantillas incluidas*
    - *Crear y gestionar plantillas propias*
- Estilos de párrafo
- Tablas de contenido
- Secciones de documento
- Configurar páginas en documentos complejos:
    - *Diferenciar primera página*
    - *Diferenciar páginas pares e impares*
    - *Encuadernación*
    - *Salto de sección*
- Referencias en documentos extensos:
    - *Tabla de ilustraciones*
    - *Índice*
- Marcadores
- Hipervínculos
- Referencias cruzadas
- Cinta de opciones: crear ficha
- Macros
- Protección del documento:
    - *Edición*
    - *Apertura*
    - *Marca de agua*
- Revisión y control de cambios
- Importar contenido externo
- Opciones de Word

❿ Módulo 1

Temas

1.1   Escribir · Deshacer · Rehacer

Lo primero que debemos hacer en un procesador de texto es, por supuesto, **escribir**. Y, si nos equivocamos, recurriremos a las siempre útiles opciones de **deshacer** y **rehacer**.

Para redactar un texto en *Word*, siga estas indicaciones básicas:

- Pulse la tecla **Entrar** (también llamada **Intro**, **Return** o **Enter**) al acabar cada párrafo y para separar los párrafos, pero <u>no la pulse al final de la línea</u>, ya que el texto que no cabe baja automáticamente a la línea siguiente.

- Use la tecla de tabulación, **Tab**, para separar el texto del margen izquierdo.

- Para borrar caracteres a la izquierda del cursor utilice la tecla **Borrar** (también llamada **Retroceso** o **Backspace**).

  Si los caracteres están a la derecha del cursor, utilice la tecla de suprimir, **Supr** (también llamada **Delete**).

- Con **Ctrl+Borrar** y con **Ctrl+Supr** borrará palabras en lugar de caracteres.

  En las combinaciones de teclas hay que mantener pulsada la primera y pulsar la segunda. Por ejemplo, si mantengo pulsada **Ctrl** y pulso **Borrar**, borraré la palabra situada a la izquierda del cursor.

> **Nota:** Si al escribir aparecen algunas palabras con subrayado ondulado de color rojo, es porque *Word* tiene activada la revisión automática y considera que esas palabras están mal escritas. El tema de la revisión ortográfica y gramatical lo trataremos posteriormente.
>
> Si quiere, puede hacer clic con el botón derecho sobre la palabra subrayada para ver las opciones de corrección que le sugiere el programa.

La opción **Deshacer** deshace la última acción realizada, es decir, va hacia atrás en la secuencia de acciones que hemos hecho (escribir, suprimir, pulsar **Entrar**, etc.).

La podemos activar con el botón **Deshacer** de la barra de acceso rápido (en la esquina superior izquierda de la ventana de *Word*) o con **Ctrl+Z**.

La opción **Rehacer** rehace la última acción que hemos deshecho; si nos pasamos deshaciendo, esto nos será muy útil.

La podemos activar con el botón **Rehacer** de la barra de acceso rápido o con **Ctrl+Y**.

> **Nota:** Si no se ha deshecho ninguna acción, no aparecerá el botón de rehacer. En su lugar tendremos el botón **Repetir**, que repetirá la última acción realizada.

Práctica

A   Abra *Word* y escriba el texto de abajo en el **documento** en blanco que ha creado el programa al abrirlo.

Los finales de línea coincidirán con los de su documento en pantalla. Recuerde, no pulse **Entrar** al final de línea, sino al final de párrafo.

INFORME INTERNO – SECRETO – TOP SECRET

De: Superintendente Vicente

Para: Todos los agentes

Como sabrán, el presupuesto de la T.I.A. de este año prevé algunos recortes en los gastos de los agentes. Con todo, se alegrarán de saber que estos recortes no afectarán a su estimado superior.

Paso a detallarles los cambios previstos:

Parece ser que no ha sido suficiente con cambiar los Panda por ciclomotores, así pues, estos serán sustituidos por bicicletas, eso sí, de cuatro marchas, con cesta y timbre.

Como vamos a vender la máquina de café y el café sobrante, se les va a entregar un termo para que traigan de casa su propio café. El termo lo puede usar cada día un agente.

Las clases de artes marciales serán sustituidas por clases de zumba, impartidas por la administrativa Srta. Ofelia en el rellano del ascensor.

No hace falta que les recuerde que cualquier protesta ante estas medidas conllevará la asignación "voluntaria" al puesto de probador de nuevos inventos del Profesor Bacterio.

Y como todo no van a ser malas noticias, les comunico que van a cobrar este mes el sueldo adeudado de Noviembre de 1995.

El Súper

B   Compruebe el funcionamiento de las opciones **Deshacer [Ctrl+Z]** y **Rehacer [Ctrl+Y];** por ejemplo, borre una palabra, deshaga la acción y, a continuación, rehágala.

1.2   Guardar · Imprimir documento completo · Cerrar

Después de haber trabajado en un documento, la siguiente operación básica que se debe realizar es **guardar** el archivo de *Word*. No necesario acabar de redactarlo, de hecho, lo mejor es guardarlo en cuanto hayamos escrito un poco, para no perder nuestro trabajo si sucede algún contratiempo. Podemos hacerlo pulsando **Ctrl+G**.

Una vez guardado, con un nombre y una ubicación, las posteriores operaciones de guardado actualizarán su contenido, así que, deberíamos realizarlas a medida que hagamos cambios en el archivo (documento).

Cuando tengamos que **imprimir** el documento, podremos hacerlo de forma muy sencilla, pulsando un botón. Si no cambiamos ninguna opción de impresión, se imprimirá una copia de todas las páginas del documento.

Al acabar el trabajo, elegiremos entre **cerrar** el documento o la aplicación y, si tenemos cambios sin guardar, nos avisará *Word*.

PRÁCTICA

A   **Guarde** el documento que tiene en pantalla en la biblioteca **Documentos** o en otra carpeta de su elección con el nombre de **Informe TIA.docx** clicando en el botón de la barra de acceso rápido, desde **Archivo > Guardar**, o bien, pulsando **Ctrl+G**.

La extensión **.docx**, que identifica a los archivos de *Word*, no es necesario escribirla, ya que el programa la pone por nosotros, tal como se ve en la casilla **Tipo**.

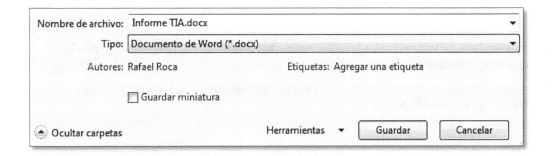

B   **Imprima** una copia del documento si lo considera necesario desde **Archivo > Imprimir > Imprimir** o pulsando **Ctrl+P > Imprimir**.

Pulse **Esc** o clique sobre cualquier pestaña para salir de las opciones de impresión y volver al documento.

C   Por último, **ciérrelo** desde **Archivo > Cerrar** o **Ctrl+F4**. Si cierra la ventana con el botón de la equis, cerrará el documento y, si es el único abierto, cerrará también *Word*.

Si tiene cambios por guardar, *Word* le avisará y podrá guardarlos, descartarlos o seguir en el documento.

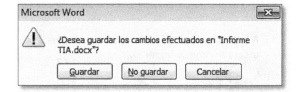

▌ 1.3   Abrir · Alternar documentos · Zoom

Para **abrir** los archivos guardados tenemos dos opciones: hacerlo desde la aplicación o desde la carpeta que contiene el archivo.

Si tenemos abiertos varios documentos, conocer cómo **alternar** documentos nos facilitará el pasar de un documento a otro rápidamente.

Y para facilitarnos la visualización adecuada del documento en pantalla, contamos con un **zoom** muy preciso.

PRÁCTICA

A   **Abra** el archivo **Informe TIA.docx** que creó en la práctica anterior desde **Archivo > Abrir** o **Ctrl+A**.

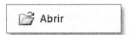

A continuación, sin cerrar el documento anterior, **abra** el archivo **Ejemplo para prácticas.docx**, que se encuentra en la carpeta **Archivos Word 2010**, haciendo **doble clic** sobre su icono (si aún no ha descargado los archivos complementarios de la página web del libro, **rafaroca.net/libros/word2010**, hágalo ahora).

> **NOTA:** *Word* guarda un historial de los archivos y carpetas que se han abierto, al cual se accede en **Archivo > Reciente**. En las listas mostradas podemos abrir los últimos archivos y carpetas utilizados, siempre que no hayamos cambiado su nombre o su ubicación.

B   **Cambie** de la ventana de **Informe TIA** a la de **Ejemplo para prácticas**, y al revés, usando **Alt+Tab** o el menú de **Vista > Ventana > Cambiar ventanas**.

Cambiar ventanas ▾

También puede cambiar entre ventanas desde la **barra de tareas** de *Windows*, al colocar el puntero encima de icono de *Word*.

C   Luego, **cierre** el documento del informe **[Ctr+F4]**.

D   Practique la función de **zoom** de página mediante los **botones – / +** y el botón de **porcentaje**, a la derecha de la barra de estado, o la **ficha Vista**.

140%

> **NOTA:** Este zoom es puramente visual, para ver más grande o más pequeño el documento en la pantalla, por tanto, no afecta a cómo se imprime.

1.4   Vistas · Espacio en blanco · Panel de navegación · Regla

Las **vistas de documento** nos permitirán trabajar de forma cómoda con el procesador de texto al controlar su aspecto en pantalla, al igual que podemos controlar el **espacio en blanco** que separa las páginas para ocultarlo o mostrarlo, según nuestras preferencias.

Con el **Panel de navegación** obtendremos miniaturas de las páginas, útiles para desplazarnos a una página concreta.

La **regla** (horizontal y vertical) muestra el espacio que tenemos para escribir (zona blanca) y los márgenes del documento (zona gris izquierda, derecha, superior e inferior). También nos permitirá cambiar la disposición de varios elementos del documento (márgenes, tabulaciones, sangría, etc.), los cuales estudiaremos en temas posteriores.

PRÁCTICA

A   Desde la **ficha Vista** (o los botones a la izquierda del zoom, en la barra de estado) compruebe las distintas formas de visualizar el documento **Ejemplo para prácticas.docx**, especialmente la vista **Lectura de pantalla completa**.

Esta vista contiene opciones interesantes a la hora de visualizar **[Opciones de vista]** y revisar **[Herramientas]** documentos extensos.

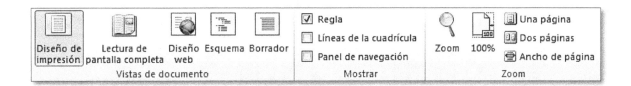

NOTA: La vista **Borrador** tenía su utilidad cuando los ordenadores eran poco potentes, al ocultar las imágenes y otros elementos. La vista **Esquema** puede ser útil con documentos complejos, mientras que **Diseño Web** solo nos servirá si hacemos páginas web con *Word*, algo no recomendable, dadas las limitaciones del programa en esta área.

B   Después de practicar con las vistas, active la predeterminada: vista **Diseño de impresión**.

Con la vista Diseño de impresión activa, oculte y, posteriormente, muestre el **espacio en blanco** que separa las páginas del documento haciendo **doble clic entre una página y la siguiente**.

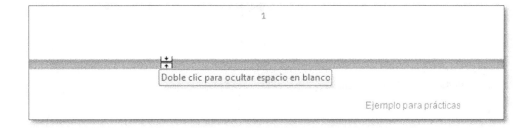

C Si no lo tiene visible, active el **Panel de navegación** desde **Vista > Mostrar** y clique en la segunda ficha para observar miniaturas de las páginas del documento.

Clique en cualquier miniatura para desplazarse a esa página. Para ensanchar el panel, arrastre su borde derecho.

Al acabar, desactive el panel (o manténgalo visible si lo prefiere).

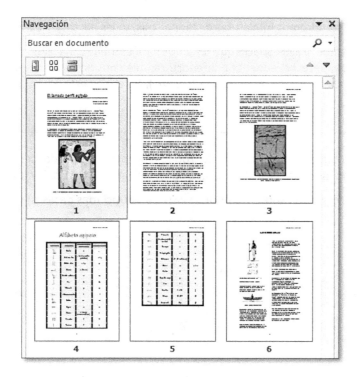

D Compruebe cómo se imprimirá el documento en la **Vista previa de impresión [Archivo > Imprimir** o **Ctrl+P]**.

Utilice los botones de la parte inferior o la barra de desplazamiento vertical para pasar las páginas. También cuenta con un zoom y el botón de ajustar a ventana.

Para salir de las opciones de impresión y volver al documento, pulse **Esc** o clique sobre cualquier ficha.

E Oculte y, luego, muestre la **regla** clicando en botón en la parte superior de la barra de desplazamiento vertical o desde **Vista > Mostrar > Regla**.

F Al acabar, **cierre** el documento.

1.5   Desplazarse y seleccionar con el ratón y el teclado

La manera más sencilla de **desplazar el cursor** en el documento es arrastrar la barra de desplazamiento vertical, girar la rueda del ratón o usar el touchpad del portátil para, a continuación, hacer clic en la posición deseada.

No obstante, si trabaja de forma intensiva con el procesador de texto, será de gran utilidad aprender el uso del teclado para desplazarse, ya que, en general, es más rápido y más exacto que el ratón.

Seleccionar es la acción más habitual en un procesador de texto, puesto que es necesaria para llevar a cabo muchas operaciones básicas, como cambiar el formato, copiar o eliminar gran cantidad de texto.

Normalmente, seleccionamos texto arrastrando con el ratón, pero no está de más conocer otros procedimientos que nos proporcionarán mayor rapidez y, sobre todo, mayor exactitud. De hecho, si aprendemos a desplazarnos con el teclado, con solo añadir la tecla **Máyus** ya sabremos seleccionar con el teclado.

PRÁCTICA

A   Para practicar las distintas formas de desplazarnos por el texto usaremos el documento **Ejemplo para prácticas.docx**, que tiene varias páginas, siguiendo los procedimientos de la tabla de abajo.

Abra el documento mencionado desde la carpeta **Archivos Word 2010** o desde dentro del mismo *Word* mediante **Archivo > Abrir**.

DESPLAZARSE	TECLADO	RATÓN
Carácter derecha/izquierda	teclas de dirección	clic en carácter derecha/izquierda
Palabra derecha/izquierda	**Ctrl**+teclas dirección	clic en palabra derecha/izquierda
Línea arriba/abajo	teclas de dirección	clic en línea (arriba/abajo)
Párrafo arriba/abajo	**Ctrl**+teclas dirección	clic en párrafo (arriba/abajo)
Inicio de **línea**	tecla **Inicio**	clic en inicio de línea
Final de **línea**	tecla **Fin**	clic en final de línea
Pantalla arriba/abajo	teclas **Re Pág/Av Pág**	barra desplazamiento vertical y clic
Inicio/Fin **texto** en pantalla	**Alt Gr**+Re Pág/Av Pág	barra desplazamiento vertical y clic
Página siguiente/anterior	**Ctrl**+Re Pág/Av Pág	clic en flechas dobles en la parte inferior de la barra desplazamiento vertical
Inicio de **documento**	**Ctrl**+tecla **Inicio**	barra desplazamiento vertical y clic
Final de **documento**	**Ctrl**+tecla **Fin**	barra desplazamiento vertical y clic

B   Ahora, practique las distintas formas de **seleccionar** texto siguiendo los procedimientos de la tabla de abajo.

La zona de selección corresponde al margen izquierdo y al colocar el puntero, este recoge la forma de flecha inclinada hacia la derecha.

SELECCIONAR	TECLADO	RATÓN
Caracteres	**Mayús**+teclas dirección	arrastrar por encima
Palabra	**Mayús**+**Ctrl**+teclas dirección	**doble clic** en la palabra
Palabras (varias)	**Mayús**+**Ctrl**+teclas dirección	arrastrar por encima
Línea	**Mayús**+tecla **Inicio** / tecla **Fin**	clic a la izquierda de la línea, en la zona de selección
Párrafo	**Mayús**+**Ctrl**+teclas dirección	arrastrar en la zona de selección o **tres clics** en palabra
Párrafos (varios)	**Mayús**+**Ctrl**+teclas dirección	arrastrar en la zona de selección
Hasta inicio de documento	**Mayús**+**Ctrl**+**Inicio**	
Hasta final de documento	**Mayús**+**Ctrl**+**Fin**	
Todo el documento	**Ctrl**+**E**	arrastrar en la zona de selección o **tres clics** en la zona de selección

C   Para finalizar, compruebe otros tres procedimientos indicados en la tabla de abajo.

Cuando acabe cierre el archivo, pero no guarde los cambios si ha realizado alguno.

SELECCIONAR	TECLADO + RATÓN
Selección múltiple	**Ctrl**+**arrastrar** o **Ctrl**+**doble/triple clic**
Desde... hasta	**Mayús**+**clic**
Selección en vertical	**Alt**+**arrastrar**

▌1.6   Copiar y pegar · Cortar y pegar

Para **duplicar** un texto, lo seleccionaremos y usaremos la opción de **copiar** y **pegar**. Una vez copiado el texto, lo podremos pegar tantas veces como queramos, ya que permanecerá en la memoria del ordenador hasta que copiemos (o cortemos) otro. Para **mover** un texto, usaremos **cortar** y **pegar** de igual forma.

La tabla de abajo muestra los variados procedimientos que podemos usar para copiar, cortar y pegar. De todos ellos, el teclado y el menú contextual son los más seguros y, generalmente, los más rápidos.

ACCIÓN	TECLADO	RATÓN	MENÚ CONTEXTUAL	BOTONES FICHA INICIO
Copiar	**Ctrl+C**	**Ctrl+arrastrar**	**Copiar**	✂ Cortar
Cortar	**Ctrl+X**	**Arrastrar**	**Cortar**	📋 Copiar / Pegar
Pegar	**Ctrl+V**	- - -	**Pegar**	✏ Copiar formato / Portapapeles

PRÁCTICA

A   Para practicar estas opciones, abra *Word* y en un **documento nuevo** escriba el texto siguiente.

> NOTA: Con *Word* abierto, puede crear documentos pulsando **Ctrl+U** o **Archivo > Nuevo > Documento en blanco > Crear.** ▌

Una vez montado el monopatín antigravedad, lea detenidamente las instrucciones de uso antes de ponerlo en funcionamiento.

Monte el monopatín * siguiendo las instrucciones de montaje.

Desembale el producto

Pulse el botón "Start" para iniciar el vuelo *.

MONOPATÍN * MARCA ACME

Compruebe que dentro de la caja se encuentran todas las piezas listadas en el lateral del embalaje.

B   Mediante el procedimiento de **copiar** y **pegar** repita la palabra "antigravedad" del primer párrafo en el lugar que ocupan los asteriscos.

Luego, con **cortar** y **pegar** ordene el texto para que siga una secuencia lógica.

Al acabar, guarde el documento en su carpeta con el nombre de **Instrucciones monopatín.docx** y ciérrelo.

▍1.7   Portapapeles · Guardar con otro formato

Al activar el **Portapapeles** de *Office* todo lo que copiemos se irá guardando en un **panel a la izquierda** de la ventana de *Word*, listo para pegarlo cuando nos convenga.

No solo recogerá texto u otros elementos de *Word*, sino del resto de programas de *Office*, e incluso de programas externos como puede ser un navegador donde copiamos el contenido de una página web.

En otro orden de cosas, es bastante frecuente encontrarnos con archivos de tipo *.doc creados en versiones más antiguas de *Word* o con otros formatos (*.txt, *.rtf). Para actualizarlos a la versión 2010 y poder trabajar con todas las herramientas del programa contamos con la opción **Guardar como**.

Igualmente, esta opción nos permite hacer lo contrario, es decir, guardar como *.doc un documento más actual (*.docx). Esto es útil si vamos a compartir un archivo con alguien que tenga una versión anterior de la aplicación.

PRÁCTICA

A   Abra el documento **Ejercicio Portapapeles.doc** que se encuentra en la carpeta **Archivos Word 2010**.

Active **Inicio >** menú **Portapapeles** para poder guardar el texto que vaya copiando.

B   **Copie** sucesivamente las palabras escritas al inicio del documento, <u>al lado de los números entre paréntesis</u>.

Ahora, clicando en cada elemento del panel o en el menú a su derecha, **péguelos** dentro el texto en el lugar marcado con su número.

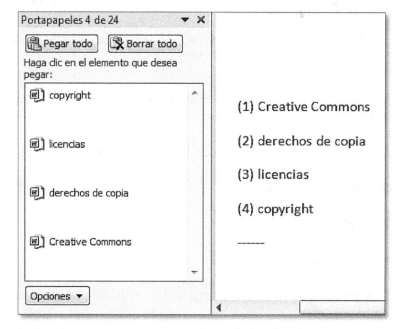

Mediante los botones en la parte superior del panel es posible pegar o borrar a la vez todos los elementos que contenga. Para eliminar los elementos uno a uno habrá que usar su menú.

C   Al acabar, guarde el documento en su carpeta con el formato de **Word 2010 (*.docx)** y el nombre de **Creative Commons.docx** accediendo a **Archivo > Guardar como > Documento de Word (*.docx)** o pulsando **F12**.

1.8   Formato de fuente

Por **formato de fuente** entendemos el aspecto del texto escrito, del cual podemos cambiar su tamaño, su fuente (tipografía) y aplicarle formatos como color, negrita, cursiva, varios tipos de subrayado, tachado, superíndice, etc.

El formato se puede cambiar antes de comenzar a escribir el texto o una vez escrito, seleccionándolo previamente. Sin embargo, para aplicar formato a una sola palabra no es necesario seleccionarla, basta con tener el cursor en ella.

La mayoría de formatos están disponibles en **Inicio > Fuente**. Otros no tan habituales, como las versalitas o el espaciado entre caracteres los tenemos en el menú de dicho grupo.

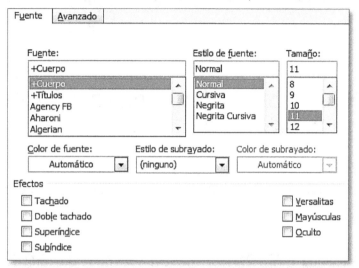

Práctica

A   **Cree** un documento y **guárdelo** en su carpeta con el nombre de **Prácticas de Word 1.docx.** En este documento realizará todas las prácticas a partir de ahora, si no se especifica lo contrario.

Escriba los párrafos de abajo (copie y pegue el texto que se repite) y, una vez escritos, aplique a cada texto el formato indicado. Puede hacerlo con los botones disponibles en **Inicio > Fuente** o usando las siguientes combinaciones de teclas.

FORMATO	TECLAS
Negrita	**Ctrl+N**
Cursiva	**Ctrl+K**
<u>Subrayado</u>	**Ctrl+S**
MAYÚSCULAS	**Ctrl+Mayús+U**
Versalitas	**Ctrl+Mayús+L**
Subíndice	**Ctrl+signo igual (=)**
Superíndice	**Ctrl+signo más (+)** del teclado principal
Cambiar MAYÚS/minús	**Mayús+F3**
Aumentar tamaño de fuente	**Ctrl+>** (escala predeterminada) o **Ctrl+Alt+>** (de uno en uno)
Disminuir tamaño de fuente	**Ctrl+<** (escala predeterminada) o **Ctrl+Alt+<** (de uno en uno)

Este párrafo está escrito en un formato subrayado con la fuente Garamond 12.

Este párrafo está escrito en un formato cursiva y negrita y tiene color rojo. La fuente empleada es Book Antiqua 14.

Este párrafo está escrito, con la fuente Lucida Sans 14 y subrayado solo palabras.

Este párrafo está escrito en Trebuchet MS 10 negrita, con esta palabra resaltada.

Este párrafo está escrito en Britannic Bold 20 y se le ha aplicado un efecto de texto.

Estas palabras están escritas con un formato subíndice y estas otras con un formato superíndice, todo el párrafo en Calibri 12.

> **NOTA:** Al acabar de seleccionar texto y colocar el puntero encima, *Word* muestra una **minibarra** de herramientas que podemos utilizar si queremos. Si nos molesta esta barra flotante, se puede desactivar en **Archivo > Opciones > General**.

B   Abra el documento **Informe TIA** y cambie el formato de fuente desde **Inicio > Fuente >** menú **Fuente >** fichas **Fuente** y **Avanzado** como se indica abajo.

Para establecer un tamaño de fuente con decimal (9,5; 12,5, …), hay que escribirlo en la casilla de tamaño.

- **Título**: Stencil 18, color rojo, espaciado entre caracteres: expandido en 1,2 pto, escala 90%

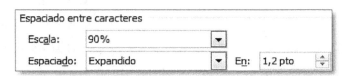

- **De**: y **Para**: Verdana 9,5, versalitas

- **Texto**: Bookman Old Style 10, color azul

- **Firma**: Bookman Old Style 12, versalitas

INFORME INTERNO – SECRETO – TOP SECRET

DE: SUPERINTENDENTE VICENTE

PARA: TODOS LOS AGENTES

Como sabrán, el **presupuesto de la T.I.A.** de este año prevé algunos recortes en los gastos de los agentes. Con todo, se alegrarán de saber que estos recortes no afectarán a su estimado superior. Paso a detallarles los <u>cambios previstos</u>:

Parece ser que no ha sido suficiente con cambiar los Panda por ciclomotores, así pues, estos serán sustituidos por <u>bicicletas</u>, eso sí, de cuatro marchas, con cesta y timbre.

Como vamos a vender la máquina de café y el café sobrante, se les va a entregar <u>un termo</u> para que traigan de casa su propio café. El termo lo puede usar cada día un agente.

Las clases de artes marciales serán sustituidas por <u>clases de zumba</u>, impartidas por la administrativa *Srta. Ofelia* en el rellano del ascensor.

No hace falta que les recuerde que cualquier protesta ante estas medidas conllevará la asignación "voluntaria" al puesto de ***probador de nuevos inventos*** del *Profesor Bacterio*.

Y como todo no van a ser malas noticias, les comunico que van a cobrar este mes el **sueldo adeudado de Noviembre de 1995**.

EL SÚPER

1.9   Revisión de la ortografía y gramática · Sinónimos · Idioma

Que nos indiquen los errores de **ortografía** y de **gramática** que cometemos y que, además, nos los corrijan automáticamente es algo realmente estupendo. Pero no podemos despreocuparnos, ya que *Word* no reconoce el sentido de lo escrito, solo si la palabra es correcta según el diccionario incorporado. Tampoco detecta el 100% de los errores gramaticales, así pues, es conveniente que, además, <u>revise personalmente su texto</u>.

También es interesante contar con la opción de los **sinónimos** cuando no se nos ocurren a nosotros mismos.

Si todo o parte de nuestro trabajo está escrito en otro **idioma**, la revisión ortográfica y gramatical utilizará el diccionario del idioma que haya detectado o nosotros le hayamos indicado. Al igual que en los sinónimos mostrados.

Todas estas herramientas se encuentran en **Revisar > Revisión / Idioma**.

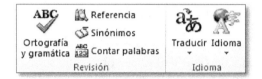

PRÁCTICA

A   Abra su documento **Prácticas de Word 1.docx** y, a continuación de la práctica existente escriba el texto de abajo en *Comic Sans Ms 11* y **revise la ortografía y la gramática** con el menú contextual, o con la opción **Ortografía y gramática** de la ficha **Revisar** (en este último caso, <u>seleccione el texto previamente</u>).

Cuando el programa detecte un error, elija una **sugerencia** y clique en **Cambiar** o en **Omitir una vez**.

> **NOTA:** Verá que el programa pone automáticamente en mayúsculas la primera letra de cada párrafo. Este comportamiento y otros relacionados se controlan con la herramienta **Autocorrección**, que estudiaremos más adelante. Cuando *Word* haga algo que no nos interese, pulsaremos **Ctrl+Z** para deshacerlo.
>
> Si **agrega** una palabra al diccionario, *Word* ya no la corregirá. Asegúrese de que es correcta antes de agregarla.

En timpos de los apóstoles

heran los ombres tan barbaros

que se subian a a los arvoles

y se comian a los pajaros

los lunes, mates y y miércoles

B   Escriba los párrafos siguientes y **revise la ortografía y la gramática** de igual manera.

El estava muy enfadao. Tantas días en la mar lo habían afectao.

Por último, hay que decir que el equipo han hecho un buen partida.

Decidimos de que ya estudiaríamos el problema mas adelante.

C   Escriba las siguientes palabras y **busque sinónimos** para ellas, bien con el menú contextual, bien con la opción **Sinónimos** de la ficha **Revisar**, donde tendrá más opciones de búsqueda.

Mover   Saludo   Blanco   A propósito

D   Practicaremos ahora la corrección en otro idioma: escriba el texto siguiente, selecciónelo, elija el idioma **Inglés (Reino Unido)** clicando en la barra de estado sobre el nombre del idioma (o en **Revisar > Idioma > Idioma > Establecer idioma de corrección**) y corrija las faltas.

To ve or not to ve, that's teh cuestión.   (Corregido: *To be or not to be, that's the question*)

E   Por último, compruebe las **opciones** de ortografía y gramática de *Office* y de *Word* **[Archivo > Opciones > Revisión]** y cambie las que considere oportuno para que se ajusten a su forma de trabajar.

Si acabamos de revisar el documento, pero queremos hacerlo de nuevo, con el botón **Volver a revisar el documento** forzaremos una nueva revisión que no tendrá en cuenta las palabras omitidas.

Si al corregir la ortografía ha agregado palabras al diccionario, estas se han guardado en un diccionario personalizado llamado CUSTOM.DIC. Este diccionario (y otros que pueden crearse) puede ser modificado con la opción **Diccionarios personalizados**.

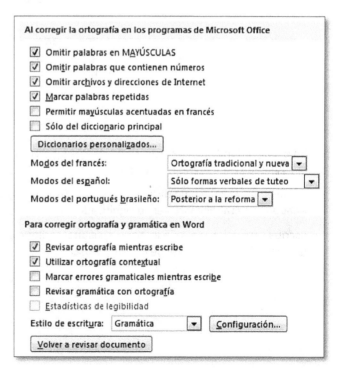

█ 1.10 Traducción · Referencia

La herramienta de **traducción** incluida en *Word* no es de las más fiables si el texto que traducimos vamos a distribuirlo con fines "serios" (comerciales, académicos, jurídicos, …). En ese caso, lo mejor será que lo redacte un traductor cualificado. Con todo, puede que nos sea útil en alguna ocasión.

Los idiomas disponibles para traducir activados los veremos y controlaremos desde la herramienta **Referencia**, la cual nos permite consultar palabras en las obras de referencia incluidas, como el Diccionario de la RAE, o en sitios web.

PRÁCTICA

A   Seleccione el texto que corrigió en inglés *To be or not to be, that's the question* y acceda a **Revisar > Idioma > Traducir > Traducir texto seleccionado**.

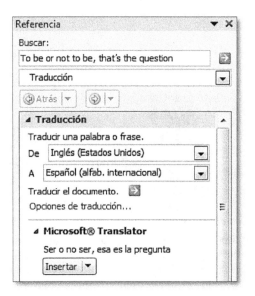

B   En el panel donde ha aparecido la traducción, borre el contenido de la casilla **Buscar** y escriba "entropía".

Despliegue el menú bajo dicha casilla y elija **Diccionario de la Real Academia Española** para ver su significado.

Escriba otra palabra que le interese consultar y clique en el botón de la flecha ⮕ , a la derecha de la casilla **Buscar**.

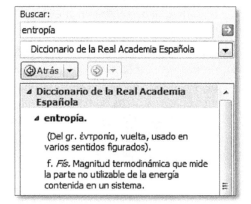

1.11   Formato de párrafo · Marcas ocultas · Estilos rápidos · Borrar formato

Los párrafos reciben diversos formatos, siendo los más comunes la **alineación** con respecto a los márgenes del documento y el **interlineado**, es decir, la separación de sus líneas.

El formato se puede modificar antes de escribir o una vez escrito el texto, seleccionando previamente el párrafo, o párrafos. Sin embargo, para aplicar formato a un solo párrafo no es necesario seleccionarlo, basta con que el cursor esté dentro.

El formato de párrafo (y de fuente) se copia al párrafo siguiente al pulsar **Entrar**.

Las **marcas ocultas** son unos símbolos que representan pulsaciones de teclas que no son caracteres, por ejemplo, la pulsación de la tecla **Entrar**, que indica el fin de párrafo. Podemos activarlos para comprobar qué pulsaciones existen.

Practicaremos todo ello a continuación con las opciones de **Inicio > Párrafo**.

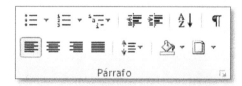

También, comprobaremos cómo los **estilos rápidos** permiten aplicar varios formatos preestablecidos con un solo clic, mientras que, también con un clic, podemos quitar todos los formatos aplicados con la opción de **borrar formato**.

PRÁCTICA

A   **Abra** su documento de prácticas, active las **marcas ocultas** desde **Inicio > Párrafo > Mostrar todo** o **Ctrl+(** y compruebe las pulsaciones que representan. Desactívelas del mismo modo al acabar.

La tabla siguiente indica las marcas ocultas más habituales.

MARCA	SÍMBOLO	PULSACIÓN DE TECLA
Fin de párrafo	¶	**Entrar**
Tabulación	→	**Tab**
Espacio en blanco	·	**barra espaciadora**
Salto de línea manual	↵	combinación **Mayús+Entrar**

B   Ahora, en **Inicio > Estilos** elija el **estilo Sin espaciado** y escriba los siguientes párrafos con la fuente *Cambria 11* (use la opción de copiar y pegar, ya que el texto es el mismo).

A continuación, **aplíqueles los formatos** que se indican mediante los botones de **Inicio > Párrafo** o mediante el teclado, tal como se señala en las tablas.

Alineación de párrafos	
Izquierda	**Ctrl+Q**
Derecha	**Ctrl+D**
Centrar	**Ctrl+T**
Justificar	**Ctrl+J**

Interlineado de párrafos	
Sencillo	**Ctrl+1**
1,5 líneas	**Ctrl+5**
Doble	**Ctrl+2**

NOTA: Los **finales de línea** no coincidirán con los que se ven impresos porque los márgenes de su documento son distintos. En un tema posterior aprenderemos a configurar la página del documento y cambiaremos los márgenes para que lo escrito en su ordenador se ajuste a lo que aparece en el libro.

1)   El siguiente párrafo está alineado a la IZQUIERDA y tiene un interlineado de 1,5

Durante años el chocolate ha sido objeto de un sinfín de acusaciones. Sin embargo, de un tiempo para esta parte, el chocolate negro se está reivindicando como fuente de salud. Los flavonoides contenidos en el chocolate parecen jugar un efecto protector frente a enfermedades cardiovasculares por sus efectos antioxidantes.

2)   El siguiente párrafo está CENTRADO y tiene un interlineado de 1,15

Durante años el chocolate ha sido objeto de un sinfín de acusaciones. Sin embargo, de un tiempo para esta parte, el chocolate negro se está reivindicando como fuente de salud. Los flavonoides contenidos en el chocolate parecen jugar un efecto protector frente a enfermedades cardiovasculares por sus efectos antioxidantes.

3)   El siguiente párrafo está alineado a la DERECHA y tiene un interlineado doble

Durante años el chocolate ha sido objeto de un sinfín de acusaciones. Sin embargo, de un tiempo para esta parte, el chocolate negro se está reivindicando como fuente de salud. Los flavonoides contenidos en el chocolate parecen jugar un efecto protector frente a enfermedades cardiovasculares por sus efectos antioxidantes.

4) **Estos párrafos están JUSTIFICADOS, con interlineado sencillo y el primer párrafo tiene un espaciado posterior de 24 puntos**

Durante años el chocolate ha sido objeto de un sinfín de acusaciones. Sin embargo, de un tiempo para esta parte, el chocolate negro se está reivindicando como fuente de salud. Los flavonoides contenidos en el chocolate parecen jugar un efecto protector frente a enfermedades cardiovasculares por sus efectos antioxidantes.

Durante años el chocolate ha sido objeto de un sinfín de acusaciones. Sin embargo, de un tiempo para esta parte, el chocolate negro se está reivindicando como fuente de salud. Los flavonoides contenidos en el chocolate parecen jugar un efecto protector frente a enfermedades cardiovasculares por sus efectos antioxidantes.

C Experimente con los **estilos rápidos [Inicio > Estilos]** para aplicar formato.

D Por último, en **Inicio > Fuente** compruebe cómo el botón **Borrar formato** [o **Ctrl+Mayús+A**] quita todos los formatos aplicados (excepto el resaltado) y deja el **estilo Normal**.

Tenga en cuenta esta opción cuando aparezcan formatos indeseados, tanto los de párrafo y de fuente, como otros que veremos más adelante: sangría, bordes, sombreado y tabulaciones. El botón de borrar formato los quitará todos.

Si solo le interesa borrar el formato de fuente, pulse **Ctrl** y la **barra espaciadora**.

1.12 Guiones

Podemos separar manualmente una palabra al final de línea escribiendo un guion, pero este quedará en la palabra, como un carácter más y, si modificamos el texto, la palabra con el guion se moverá de su posición correcta. Así pues, es mucho más práctico y seguro dejar que *Word* ponga **guiones automáticamente**, si nos interesa el texto separado con guiones.

PRÁCTICA

A   Abra el archivo **Ejemplo para prácticas.docx** y, <u>sin seleccionar nada</u>, desde **Diseño de página > Configurar página > Guiones > Automático** ponga guiones en todo el documento.

B   Ahora <u>seleccione varios párrafos</u> y active la opción **Diseño de página > Configurar página > Guiones > Manual**, de esta manera se podrá elegir cómo separar solamente el texto seleccionado.

C   Acceda a las **Opciones de guiones** y establezca que no divida las palabras en mayúsculas.

Con la casilla de la zona de división se indica el espacio que ha de haber al final de línea para poder poner guiones, y con la siguiente se pueden limitar el número de líneas seguidas que acaben en guion. Generalmente, no hay que modificar estos valores.

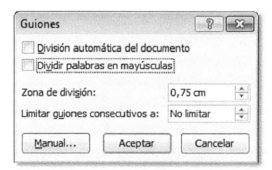

D   Finalmente, desactive los guiones (**Ninguno**) y cierre el documento.

█ 1.13   Copiar formato

Al **copiar el formato** de un párrafo y pegarlo en otro, este último recoge todas las características del primero: fuente, alienación, interlineado, sangría, tabulaciones, etc.

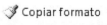

Esta operación consta de tres pasos:

1) **colocar** el cursor dentro del párrafo con el formato a copiar,

2) **clicar** en el botón **Copiar formato** y

3) **seleccionar** el párrafo (o párrafos) donde queremos pegarlo.

Para obtener el resultado correcto, nos aseguraremos de que <u>al pegar seleccionamos todo el párrafo</u>, incluida la marca de fin de párrafo. Si seleccionamos solo parte del texto al copiar o al pegar, pegaremos los formatos de fuente, pero no los de párrafo.

La tabla de abajo nos muestra los procedimientos a seguir usando el ratón o el teclado.

NOTA: Copiar formato funciona también con otros elementos de *Word,* como las tablas, las imágenes o los dibujos. █

ACCIÓN	BOTÓN Y RATÓN	TECLADO
Copiar formato	**Inicio > Portapapeles > botón Copiar formato** (con doble clic queda activo hasta que cliquemos de nuevo)	**Ctrl+Mayús+C**
Pegar formato	**seleccionar con el ratón**	seleccionar y **Ctrl+Mayús+V**

PRÁCTICA

A   **Escriba** en *Arial 11* los párrafos siguientes, pertenecientes a la sinopsis de varios capítulos de un serial televisivo.

Capítulo 11.326

El día de su 30 cumpleaños, Adelita averigua que ha sido adoptada. La noticia se la da la prima segunda de la vecina del quinto, que la odia por haberle quitado el novio en el parvulario.

Capítulo 11.327

Debido a la desilusión que ha sufrido, Adelita abandona su hogar y se alista en la brigada paracaidista. Sufre un accidente y pierde la memoria.

Capítulo 11.328

Vagando sin rumbo, se enrola como pinche de cocina en un barco, el cual naufraga frente a las costas de Inglaterra. Asida a una tabla de cortar verduras, Adelita logra llegar a la orilla, exhausta.

Capítulo 11.329

La reina de Inglaterra, que paseaba con su séquito por la playa, acoge a Adelita y la emplea como ayudante personal. Un día, la reina advierte la marca en forma de taza de té que Adelita tiene en el cuello, se vuelve lívida de repente y sufre un aparatoso desmayo...

B **Cambie el formato** del párrafo con el primer título (**Capítulo 11.326**) de la siguiente manera: fuente *Arial Black 12*, color azul oscuro, centrado y subrayado.

<u>**Capítulo 11.326**</u>

C Ahora, cambie el formato del resto de títulos mediante la opción **Inicio > Portapapeles > Copiar formato**.

D **Cambie el formato** de la primera sinopsis: fuente *Courier New 10*, justificado e interlineado de 1,15.

```
El día de su 30 cumpleaños, Adelita averigua que ha sido adoptada. La noticia se
la da la prima segunda de la vecina del quinto, que la odia por haberle quitado
el novio en el parvulario.
```

E Por último, cambie el formato del resto de sinopsis mediante la opción **copiar formato**.

▶ MÓDULO 2

TEMAS

2.1   Guardar como pdf, rtf, txt, odt · Abrir archivos en estos formatos

Al compartir o distribuir documentos no podemos controlar si se mostrarán tal como los hemos creado, ya que dependerá de la versión de *Word* del destinatario, de las fuentes que tenga en su ordenador e, incluso, de la impresora que tenga instalada. Por ello, lo más práctico es convertir nuestro documento al **formato PDF**, un formato de archivo estándar en cualquier sistema operativo.

Además del PDF existen **otros formatos** a los que podemos exportar el documento, por ejemplo:

*.rtf (Rich Text Format) - El formato de texto enriquecido conservará los formatos y configuraciones más habituales.

*.txt - Solamente el texto sin formato se guarda en este tipo de archivo.

*.odt (Open Document Text) - Este formato es compatible con Open Office y otras aplicaciones en Linux y Windows.

Los archivos con estos formatos también pueden **abrirse** con *Word*.

PRÁCTICA

A   Abra el archivo **Ejemplo para prácticas.docx** y guárdelo como ***.pdf** [**Archivo > Guardar como** o **Archivo > Guardar y enviar > Crear documento PDF/XPS**].

Guárdelo con el mismo nombre, pero con el **tipo PDF**.

El **botón Opciones** en el cuadro de diálogo nos ofrece más posibilidades de publicación: sólo la página actual, páginas concretas, el texto seleccionado, cifrar el documento con contraseña, etc.

> **NOTA:** Si vamos a compartir el PDF (o el .docx) y necesitamos que se muestre exactamente igual, es conveniente incrustar las fuentes desde **Archivo > Opciones > Guardar > Mantener la fidelidad... > Incrustar fuentes en el archivo**. Esta operación también será necesaria si el destino del documento es una imprenta.

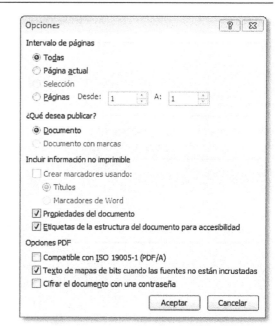

B   Mediante **Archivo > Guardar como**, guarde el mismo documento sucesivamente en los formatos ***.rtf**, ***.txt**, y ***.odt**.

Al guardar como *.txt y *.odt, aparecerán sendas **advertencias** sobre los cambios que pueden afectar al contenido del documento por la conversión.

Cierre los archivos a medida que los vaya guardando con el nuevo formato.

C   Una vez guardados y cerrados, **ábralos** para comprobar el resultado.

2.2 Configurar la página: márgenes, orientación, tamaño · Saltos de página manuales

El texto de un documento de acomoda entre los **márgenes** del mismo. A mayores márgenes, menor cantidad de texto cabrá en cada página, y viceversa. En el punto A estableceremos nuevos márgenes para su documento de prácticas y podremos comprobar cómo las líneas de los párrafos escritos anteriormente se adaptan a los mismos.

Otras características a configurar son: la **orientación**, en vertical u horizontal y el **tamaño** del papel según sea el que tengamos en la impresora.

Aunque las páginas aparecen automáticamente a medida que aumenta el contenido del documento, si insertamos un **salto de página manual**, crearemos una nueva página separada de las anteriores. Esta opción es necesaria en un documento donde tengamos capítulos que han de comenzar siempre en su propia página, como en una novela, en un informe científico o en un libro de texto.

PRÁCTICA

A En **Diseño de página** > menú **Configurar página** > ficha **Márgenes** establezca los siguientes márgenes para su documento de prácticas, **Prácticas de Word 1.docx**:

Superior: **2,5 cm**   Inferior: **3 cm**

Izquierdo: **2,5 cm**   Derecho: **1,5 cm**

Encabezado: **1,25 cm**   Pie de página: **1,75 cm**   (en la ficha **Diseño**)

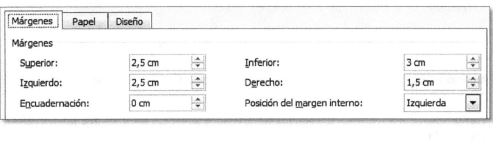

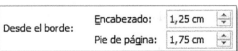

NOTA: Las zonas grises a la izquierda y derecha de la regla indican los márgenes establecidos. Si ensanchamos o estrechamos estas zonas arrastrándolas, cambiaremos los márgenes, pero este procedimiento es muy inexacto.

B   Compruebe en **Configurar página** > ficha **Márgenes** que la **orientación** de la página sea vertical.

> **Nota:** Si va a cambiar la orientación en algún documento, hágalo antes de establecer los márgenes, de lo contrario los márgenes cambiarán con la orientación y habrá que volver a establecerlos.

C   Compruebe en **Configurar página** > ficha **Papel** que el **tamaño** del papel coincida con el que tiene en la impresora, normalmente un A4.

> **Nota:** La orientación y el tamaño del papel se pueden controlar también con los botones de la ficha **Diseño de página**.

D   Ahora inserte **saltos de página** antes del título de cada práctica realizada para que cada una empiece en página nueva: **Insertar > Páginas > Salto de página** (o bien, **Diseño de página > Configurar página > Saltos > Página**). Si no ha escrito un título que identifique las prácticas, hágalo ahora.

Active las **marcas ocultas** para poder ver los saltos de página manuales que ha insertado.

Si va a realizar esta acción habitualmente, considere la opción de **Ctrl+Entrar** para insertarlos.

▌2.3   Encabezado y pie de página

El **encabezado** es una zona en la parte superior de la página en la cual podemos escribir o insertar otros elementos. Lo que escribamos o insertemos aparecerá automáticamente en todas las páginas del documento.

El **pie de página** funciona exactamente igual que el encabezado, pero se encuentra en la parte inferior de la página. Tradicionalmente, se usa para insertar el número de página.

PRÁCTICA

A   Escriba un **encabezado** en su documento haciendo doble clic en la zona del encabezado (alternativamente, **Insertar > Encabezado y pie de página > Encabezado > Editar encabezado**):

En el encabezado en blanco escriba **su nombre** en *Calibri 10*.

Para salir del encabezado haga **doble clic** en zona del **texto principal** del documento o clic en el botón **Cerrar encabezado y pie de página** en la ficha **Herramientas para encabezado y pie de página**.

B   Escriba un **pie de página** en su documento haciendo doble clic en la zona del pie de página (alternativamente, **Insertar > Encabezado y pie de página > Pie de página > Editar pie de página**):

En el pie de página inserte **números de página** sin formato **[Herramientas para encabezado y pie de página > Diseño > Encabezado y pie de página > Número de página > Posición actual > Número sin formato]**.

Luego, establezca la fuente del número en *Calibri 10* negrita y céntrelo.

Al finalizar, salga del pie de igual modo que hizo en el punto A con el encabezado.

NOTA: El menú de los botones de encabezado y pie de página nos ofrece varios ya preparados. Podemos elegir alguno de la lista, pero para aprender a trabajar con estos elementos es mejor hacerlo todo nosotros mismos.

2.4   Impresión del documento: opciones

Aunque gracias a los documentos digitales cada vez es menos necesario imprimir, dado el caso, *Word* ofrece muchas posibilidades para llevar a cabo esta tarea en **Archivo > Imprimir** (o **Ctrl+P**): elegir la impresora, elegir el número de copias, intercalar las páginas de cada copia, imprimir páginas determinadas o el texto seleccionado, incluir varias páginas en una hoja, ...

Para seleccionar unas páginas concretas, escribiremos sus números en la casilla **Páginas** separados con comas o con guiones. La **coma** equivale a **"y"**, mientras que el **guion** equivale a **"desde ... hasta"**.

Así pues, al escribir 1, 5, imprimirá las páginas 1 y 5. Al escribir 1-5, imprimirá las páginas 1, 2, 3, 4 y 5.

Las comas y guiones se pueden combinar: si escribimos 1-5, 10, 12, imprimirá las páginas desde la 1 a la 5, la página 10 y la página 12.

Para imprimir solo el texto seleccionado acudiremos a **Archivo > Imprimir > Imprimir todas las páginas > Imprimir selección**.

> **NOTA:** Los cambios que hagamos en la orientación, el tamaño del papel o los márgenes en el menú de impresión, afectaran a la **configuración de página** del documento.
>
> La impresión a **doble cara** dependerá de la impresora que tengamos instalada, ya que algunas impresoras no admiten esta función.

PRÁCTICA

A   Practique la impresión desde **Archivo > Imprimir** con su documento **Prácticas de Word 1.docx** de la siguiente manera:

- Desplácese a la **página 2** e imprima la **página actual**.

- Indique el **intervalo** de páginas **1, 3** y **5** e imprímalas.

- Seleccione parte del documento e imprima solo el **texto seleccionado**.

B   Practique con otras opciones de impresión.

2.5   Cinta de opciones · Barra de acceso rápido

Al minimizar (ocultar) la **cinta de opciones** ganaremos espacio en la pantalla, si esto es lo que nos interesa.

La **barra de acceso rápido**, por otra parte, no resta espacio, ya que forma parte de la barra de título de la ventana de *Word* (a la izquierda). Esta barra de herramientas puede personalizarse añadiendo botones para agilizar las acciones de realizamos con más frecuencia y quitando aquellos que no nos sean útiles.

PRÁCTICA

A   **Minimice** la cinta de opciones con el botón **^** (en la parte superior derecha de la ventana de *Word*) o haciendo **doble clic en una pestaña**. También funciona la combinación **Ctrl+F1**.

B   Luego, **anule** tal configuración de igual manera (o manténgala si lo desea).

C   Añada el botón de **Vista previa de impresión e Imprimir** y el botón de **Impresión rápida** a la **barra de acceso rápido** [menú de la **Barra acceso rápido**].

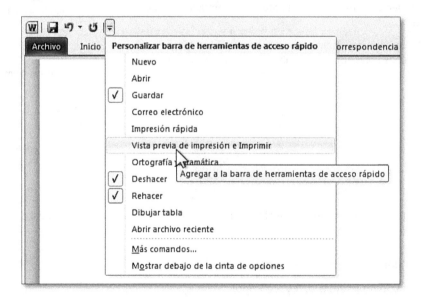

D   Luego, quite el botón de impresión rápida y **personalice** esta barra según sus intereses.

> **NOTA:** Con la opción **Más comandos** del menú de la **Barra acceso rápido** accedemos a todos los botones posibles. También aquí, podremos quitar todas las personalizaciones y dejar la barra como venía de fábrica con el botón **Restablecer**.

2.6   Sangría

La **sangría** nos permite acotar las líneas de un párrafo independientemente de los márgenes del documento.

Para aplicarla rápidamente arrastraremos los **controladores** que aparecen al inicio de la regla (sangría izquierda, de primera línea o francesa) y al final (sangría derecha).

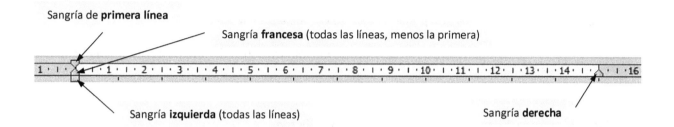

Sangría de **primera línea**

Sangría **francesa** (todas las líneas, menos la primera)

Sangría **izquierda** (todas las líneas)

Sangría **derecha**

Si necesitamos mayor precisión accederemos a **Inicio > Párrafo >** menú **Párrafo** o a **Diseño de página > Párrafo > Aplicar sangría**, si bien, esta última opción solo permite sangría izquierda y derecha.

También podemos pulsar **Tab** delante de la primera línea de un párrafo o delante de cualquier otra para aplicar sangría de primera línea o sangría izquierda respectivamente, pero solo obtendremos la medida preestablecida.

Al igual que sucede con los otros formatos de párrafo, al pulsar **Entrar**, se copiará la sangría dada al párrafo siguiente.

PRÁCTICA

A   Escriba cada párrafo tal como se indica (*Calibri 11*). Coloque el cursor dentro del párrafo y aplique la **sangría**.

1)   **Sangría izquierda todo el párrafo 4 cm, alineación izquierda.**

> Un párrafo se puede sangrar por la izquierda y la derecha. La primera línea puede tener un sangrado distinto. No hace falta seleccionar un párrafo para sangrarlo, pero si queremos sangrar varios párrafos seguidos tendremos que seleccionarlos.

2)   **Sangría de primera línea de 1,5 cm, sangría derecha 5 cm, justificado.**

    Para Word un párrafo es cualquier cantidad de texto terminada en
una marca de fin de párrafo. Este texto puede incluir una imagen.

3)   Sangría izquierda 2,5 cm, sangría derecha 6,5 cm, centrado.

Las sangrías nos permiten acotar texto entre
márgenes propios. La alineación del párrafo se
realizará en función de su sangría izquierda o
derecha, si la hubiere.

4)   Sangría izquierda 2,5 cm, sangría primera línea 1,5 cm, alineación izquierda.

Un párrafo puede constar de un solo carácter, de una palabra, de una línea o de
varias líneas.

5)   Sangría izquierda 2,5 cm, sangría francesa 1,5 cm, justificado.

Hemos visto que el sangrado de la primera línea puede ser distinto del resto del párrafo.
Cuando el sangrado de la primera línea es menor que el del resto del párrafo se
denomina *Sangría Francesa*.

2.7   Bordes y sombreado · Borde de página

Una forma de resaltar parte del texto o las páginas de un documento es usar los **bordes** y el **sombreado**.

Para aplicar bordes y sombreado a un solo párrafo, no es necesario seleccionarlo. Para aplicarlos a más de un párrafo o a parte del texto, sí que hay que seleccionar.

PRÁCTICA

A   Escriba los párrafos siguientes (fuente *Tahoma 11*, excepto el último) y aplíqueles los bordes y sombreados que se mencionan desde **Inicio > Párrafo > botón Bordes / botón Sombreado** y el cuadro de diálogo que obtenemos con la última opción del menú del botón de bordes.

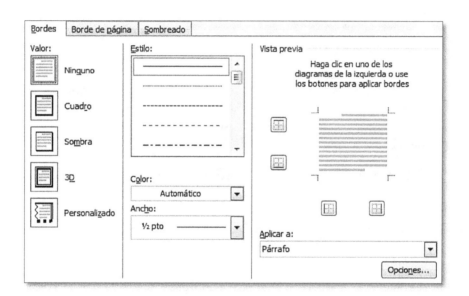

Este párrafo tiene un borde superior y un borde inferior de ¾ de grosor.

Este párrafo tiene un borde de 3 puntos a la izquierda y a la derecha. Su sombreado es de color verde claro. Está centrado.

Este párrafo solo tiene unas pocas palabras con borde y sombreado.

Este párrafo tiene bordes de alrededor estilo punteado de 2 y ¼, de color naranja y está alineado a la derecha.

Este párrafo está escrito en Arial Rounded MT Bold 14, sin bordes. Tiene un sombreado de color azul oscuro y está centrado.

B Escriba los párrafos de abajo en *Tahoma 11,* aplique los formatos y mediante el **botón Opciones** del cuadro de diálogo controle la separación de los bordes con respecto al texto del párrafo.

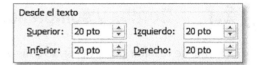

> Este párrafo tiene bordes estilo guiones alrededor de 1 pto, sangría izquierda (1 cm) y sangría derecha (5,5 cm). La distancia del texto al borde es de 20 puntos por todos los lados. Está centrado.

> Estos dos párrafos tienen bordes alrededor con doble línea de 3 puntos color rojo oscuro y sombra; sangría izquierda y derecha de 3,5 cm; sangría de primera línea de 1 cm.
>
> Están justificados y la distancia del texto al borde es de 12 puntos por todos sus lados.

C En el cuadro de diálogo del menú del **botón Bordes > Bordes y sombreado...** contamos con las opciones para aplicar un borde a las páginas de nuestro documento. A este cuadro accedemos igualmente desde **Diseño de página > Fondo de página > Bordes de página**.

Cree un documento y configure su página con orientación horizontal. Aplíquele unos bordes **alrededor de la página** con las siguientes características:

- **Arte**: Palmeras
- **Ancho**: 30 pto
- **Aplicar a todo el documento**

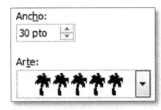

Escriba el texto mostrado y al acabar guarde el documento con el nombre que prefiera.

2.8   Autocorrección

La **autocorrección** es una herramienta muy interesante, ya que corrige automáticamente palabras mal escritas, el uso accidental de las mayúsculas y pone en mayúsculas la primera letra después de punto, entre otras posibilidades.

Para corregir palabras, *Word* consulta una lista interna que contiene los errores más habituales y las palabras correctas, es decir, los **elementos de autocorrección**. Los elementos los podemos modificar, eliminar o ampliar. Esto último es realmente útil, ya que podemos adaptar la autocorrección a nuestras necesidades.

Esta herramienta la encontramos en **Archivo > Opciones > Revisión > Opciones de Autocorrección**.

PRÁCTICA

A   Mediante la **autocorrección** hemos de lograr que:

Al escribir **yabero** lo cambie por **llavero**.

Al escribir **ssan** lo cambie por **Su Santidad**.

Al escribir **acdn** lo cambie por **ácido desoxirribonucleico**.

En la casilla **Reemplazar** escribiremos el texto a reemplazar y en la casilla **Con**, el que queremos que aparezca.

Clicaremos en **Agregar** para añadir el elemento de autocorrección.

B   **Cree** el siguiente **elemento de autocorrección** de modo que, al escribir **gaiaong**, aparezca con **formato**. Para ello, (1) escriba el texto con formato, (2) selecciónelo y (3) acceda a las opciones de autocorrección.

El formato es el siguiente:

1er párrafo: fuente *Berlin Sans FB 28*, con efecto de texto (cualquiera), sangría izquierda de 2,5 cm

2do párrafo: fuente *Rockwell 14*, versalitas, color azul oscuro, sangría izquierda de 5 cm

3er y 4to párrafos: fuente *Rockwell 12*, sangría izquierda de 5 cm

Gaia

ORGANIZACIÓN NO GUBERNAMENTAL

Plaza del Abedul, 7

46064 VALENCIA

C   Al acabar, **elimine** los elementos de autocorrección creados, a no ser que le interese conservar alguno.

2.9   Tabulaciones

Cuando necesitemos crear listas tabuladas, es decir, en forma de columnas, contamos con las **tabulaciones**, que nos permiten separar el texto de cada párrafo de forma exacta. Al insertar "topes" de tabulación, cada pulsación de la tecla **Tab** llevará el cursor de un tope al siguiente consiguiendo, así, total uniformidad en el texto escrito.

La tabla siguiente nos muestra los **símbolos** que aparecen en la regla y el **tipo de tabulación** que representan.

SÍMBOLO	TIPO DE TABULACIÓN
⌞	Tabulación **Izquierda**: el texto tabulado se alinea de izquierda a derecha
⌟	Tabulación **Derecha**: el texto tabulado se alinea de derecha a izquierda
⊥	Tabulación **Centro**: centra el texto tabulado
⊥	Tabulación **Decimal**: alinea los números con la parte decimal a la derecha de la tabulación y la parte entera a la izquierda
I	**Barra**: inserta una barra vertical en la posición de la tabulación

PRÁCTICA

A   Escriba y **tabule** el texto de abajo (*Calibri 12*, interlineado de 1,5).

Inserte las tabulaciones indicadas utilizando la regla: clique en el **botón a la izquierda** para elegir tipo de tabulación y, a continuación, clique en el **borde inferior de la regla** para insertar el tope de tabulación en la posición deseada.

Tenga en cuenta que al pulsar **Entrar**, las tabulaciones aplicadas se copiarán al párrafo siguiente.

Si necesita modificar la posición de una tabulación, arrástrela a lo largo de la regla. Para eliminarla, arrástrela fuera de la regla.

Encabezados (3 topes):

- Posición **3 cm,** alineación **izquierda**
- Posición **9 cm,** alineación **derecha**
- Posición **12,5 cm**, alineación **derecha**

Texto (3 topes):

- Posición **3 cm,** alineación **izquierda**
- Posición **8,5 cm,** alineación **decimal**
- Posición **12 cm,** alineación **decimal**

CAMBIO	DÓLARES	EUROS
1 yen	1,17	0,09
100 rupias	1,31	0,75
1 rublo	0,50	0,23

B Escriba el texto siguiente con el formato y tabulaciones indicados.

Fuente del **título**: *Courier New 14* (centrado, sin topes de tabulación).

Resto de **párrafos**: *Courier New 11* con los siguientes topes:

Para insertar y modificar las tabulaciones acceda a **Inicio > Párrafo >** menú **Párrafo > Tabulaciones**.

- Posición **3 cm**, alineación **derecha**

- Posición **5,5 cm**, alineación **centrado**

- Posición **8 cm**, alineación **izquierda**

- Posición **14,5 cm**, alineación **decimal**

RALLY DE VEHÍCULOS ANTIGUOS "CIUTAT DE CASTELLÓ"

FECHA	ETAPA	RECORRIDO	KM
9 Julio	1ª	Castelló-Almassora	7
10 Julio	2ª	Vila-real-Alcora	25,8
15 Julio	3ª	Adzaneta-Burriana	100,5
17 Julio	4ª	Benicàssim-Vinaròs	286
21 Julio	5ª	Llucena-Castelló	29,4
		TOTAL KILÓMETROS	448,7

C Ahora, en el mismo menú, una las tabulaciones que se muestran con **relleno** punteado (aplique el <u>relleno en la tabulación de destino</u>).

RALLY DE VEHÍCULOS ANTIGUOS "CIUTAT DE CASTELLÓ"

FECHA	ETAPA	RECORRIDO	KM
9 Julio	1ª	Castelló-Almassora	7
10 Julio	2ª	Vila-real-Alcora	25,8
15 Julio	3ª	Adzaneta-Burriana	100,5
17 Julio	4ª	Benicàssim-Vinaròs	286
21 Julio	5ª	Llucena-Castelló	29,4
		TOTAL KILÓMETROS	448,7

▎2.10　Encabezado y pie de página: fecha y total de páginas

Al insertar la **fecha** actualizable automáticamente, conseguiremos que aparezca la fecha del día en que se imprime el documento. Será útil incluirla en justificantes de asistencia o en cualquier documento que necesite verificarse la fecha de impresión, y, si la insertamos en el encabezado/pie aparecerá en todas las páginas.

Al insertar el **número de páginas** totales del documento sabremos si, una vez impreso, contamos con todas ellas.

Para realizar la práctica de este tema y las siguientes (si no se indica lo contrario), cree un documento y guárdelo con el nombre de **Prácticas de Word 2.docx**.

PRÁCTICA

A　Configure los **márgenes** de igual forma que en su documento de prácticas 1:

Superior: **2,5 cm**　　　　　　　Inferior: **3 cm**

Izquierdo: **2,5 cm**　　　　　　Derecho: **1,5 cm**

Encabezado: **1,25 cm**　　　　　Pie de página: **1,75 cm**

B　Prepare un encabezado y un pie de página haciendo **doble clic** en el área de los mismos:

En el encabezado:

- Escriba **su nombre**.

- Inserte la **fecha** con el formato que prefiera, pero que se actualice automáticamente desde **Herramientas para encabezado y pie de página > Diseño > Fecha y hora**.

Fecha y hora

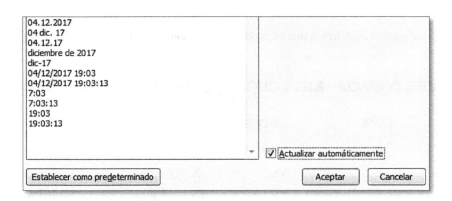

```
04.12.2017
04 dic. 17
04.12.17
diciembre de 2017
dic-17
04/12/2017 19:03
04/12/2017 19:03:13
7:03
7:03:13
19:03
19:03:13
```
☑ Actualizar automáticamente

[Establecer como predeterminado]　　　[Aceptar]　[Cancelar]

En el pie de página:

- Inserte **números de página centrados** que muestren la página actual y el total de páginas del documento **[Herramientas para encabezado y pie de página > Diseño > Número de página > Posición actual > formato Página X de Y]**.

◗ MÓDULO 3

TEMAS

3.1   Numeración y viñetas

En lugar de escribir guiones o asteriscos delante de los párrafos de una lista, podemos colocar **viñetas** y destacarlos mejor.

Si esos párrafos siguen una secuencia, la mejor opción es numerarlos. La **numeración** es especialmente útil en listas muy largas, pues, al añadir o suprimir párrafos de la lista, se vuelven a numerar correctamente.

PRÁCTICA

A   En **Prácticas de Word 2.docx** confeccione la siguiente lista con **viñetas** con la fuente *Corbel 11*.

Para ello, escriba la lista, selecciónela y ponga las viñetas desde **[Inicio > Párrafo > Viñetas]**. Alternativamente, hágalo en el primer párrafo y pulse **Entrar**.

Cambie el estilo de las viñetas por el que más le guste con el menú asociado al botón y ajuste la sangría de la lista con los botones **Aumentar / Disminuir sangría [Inicio > Párrafo]**, situando el cursor en el primer párrafo de la lista.

Cuando se da formato a un disco **se pierden todos los datos** que contiene. El formateo accidental del disco duro puede hacernos perder años de trabajo y ocasionarnos, además, una crisis nerviosa. Así pues, por el bien de su salud y la de sus datos, siga los siguientes consejos:

❖   Haga copias de seguridad periódicas de sus archivos más importantes.

❖   Guarde las copias en un lugar seguro.

❖   Guarde los archivos con frecuencia mientras está trabajando con ellos.

❖   Asegúrese de que tiene copias de seguridad antes de formatear un disco.

❖   Si ha dado formato un disco y no tiene copias de seguridad, no podrá recuperar los datos que estaban guardados en él antes de darle formato.

> **NOTA:** Si escribimos un guion, un asterisco o el símbolo >, al pulsar la barra espaciadora, *Word* los convertirá en viñetas. Al escribir el número 1 seguido de paréntesis, punto o guion, aparecerá una lista numerada, tema del siguiente punto de este ejercicio. Si necesita controlar estos comportamientos, acceda a **Archivo > Opciones > Revisión > Opciones de Autocorrección > Autoformato mientras se escribe**.

B   En este mismo documento, **Prácticas de Word 2.docx**, escriba el título de abajo, luego, escriba el primer párrafo y numérelo **[Inicio > Párrafo > Numeración]**.

A continuación, escriba el resto de párrafos. La fuente utilizada es *Courier New 12*.

Utilice el menú contextual para **controlar la numeración** de los párrafos si fuera necesario.

Para borrar un número, clique de nuevo en el botón de numeración o bórrelo con la tecla **Borrar**.

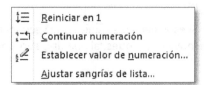

Receta de tortilla de patatas

1) Ponga una sartén con abundante aceite de oliva en el fuego.

2) Pele las patatas y córtelas en lonchas.

3) Rompa y bata un huevo.

   ¡OJO!: El huevo no ha de quedar batido en exceso, sólo mezclado.

4) Cuando las patatas estén doradas añada sal y el huevo batido.

5) Dele la vuelta ayudándose de un plato (¡No gire la tortilla en el aire si no es cocinero experto!).

6) Espere unos minutos y sírvala.

Consejo para novatos: Tenga a mano el número de teléfono de alguna casa de comidas a domicilio.

C   Una vez creada la lista de arriba, **añada el párrafo siguiente** pulsando **Entrar** al final del párrafo numerado con un 2. Compruebe que se vuelven a numerar automáticamente los párrafos.

Cuando el aceite esté caliente ponga las patatas en la sartén.

3.2   Lista multinivel

Con las **listas multinivel** [icon] podemos crear varios subniveles y aplicar un formato específico a cada uno.

PRÁCTICA

A   Para realizar esta **lista multinivel** parta de una lista numerada normal y use los botones **Aumentar /**
Disminuir sangría [Inicio > Párrafo] para crear los subniveles.

El **menú contextual** nos servirá para **controlar la numeración** de los párrafos. La fuente es *Calibri 14, 12* y *10*.

Esquema discurso presidente

1. Resumen ejercicio actual

    a. Economía

        i.   Subida de impuestos

    b. Empleo

        i.   Aumento del desempleo

        ii.   Menor número de contratos indefinidos

            1. Primer semestre

            2. Segundo semestre

    c. Seguridad Social

        i.   Menor número de afiliados

2. Previsión para el nuevo ejercicio

    a. Economía

        i.   Bajada de impuestos

    b. Empleo

        i.   Retroceso del desempleo

        ii.   Mayor número de contratos indefinidos

            1. Primer semestre

            2. Segundo semestre

    c. Seguridad Social

        i.   Mayor número de afiliados

3. Preguntas de la prensa

    a. ¡Mucho cuidado!

▌3.3   Tablas: insertar, escribir, aplicar estilo, ver cuadrículas

Las **tablas** son uno de los elementos más útiles y versátiles del procesador de texto. Constan de una cuadrícula compuesta de filas, columnas y casillas, llamadas celdas, donde insertamos texto.

En este tema aprenderemos los procedimientos para **insertarlas**, **escribir** en las celdas, aplicar un **estilo** o diseño de los incluidos con el programa y activar las **cuadrículas**, que muestran la estructura de la tabla.

PRÁCTICA

A   Inserte una **tabla** de **4 columnas** y **3 filas** clicando en la cuadrícula de **Insertar > Tabla**. Al hacerlo con este método, la tabla ocupará el espacio de márgen a márgen con columnas de igual anchura.

Antes de insertarla, aplique el estilo rápido **Sin espaciado** y cambie la fuente a *Calibri 12*.

> **NOTA:** Al insertar una tabla, el texto de sus celdas recogerá el formato del párrafo en que se encuentre el cursor.

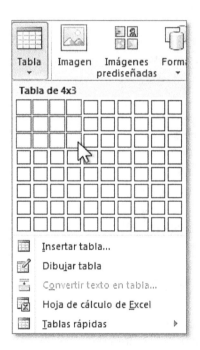

Escriba en las celdas el texto mostrado y alinéelo como se ve abajo, de igual manera que un párrafo.

Para pasar de una celda a otra puede clicar en ella, pulsar las teclas de dirección o la tecla **Tab**.

PRODUCTO	DISPONIBLE	DISTRIBUIDOR	MINORISTA
Cartucho de tinta	Junio	30 €	38 €
Papel fotográfico	Agosto	7 €	10 €

B   Inserte una tabla con **7 columnas** de una anchura de **1,5 cm** y **5 filas** [Insertar > Tabla > Insertar tabla].

Una vez insertada, con el cursor dentro de la tabla, aplíquele el **diseño Sombreado claro - Énfasis 1** desde **Herramientas de tabla > Diseño > Estilos de tabla**.

Verá que este estilo no contiene todos los bordes, como se ven en una tabla estándar.

Los bordes, al igual que el sombreado, son formatos que podemos aplicar, o no, a cualquier parte de una tabla.

C   En **Herramientas de tabla > Presentación > Tabla** active **Ver cuadrículas** para observar la estructura de la tabla anterior.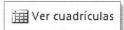

Las celdas sin bordes aplicados aparecerán con una cuadrícula de guiones azules. Poder ver las cuadrículas de las tablas es útil si usamos tablas sin bordes.

Active, asimismo, las marcas de formato ocultas para ver los **finales de celda y de fila**. Luego, desactívelas.

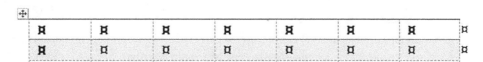

3.4   Tablas: desplazarse y seleccionar

Desplazarnos con rapidez por una tabla y **seleccionar** sus distintas partes es fundamental, especialmente, si nos encontramos con tablas extensas, con muchas filas y columnas. Por ello, es conveniente, aprender los procedimientos existentes para adoptar aquellos que consideremos mejores.

PRÁCTICA

A   Practique los procedimientos para **desplazarse** y **seleccionar** en la tabla del punto **A**.

Si desea practicar con tablas más extensas, puede hacerlo en el documento **Ejemplo para prácticas.docx** (pag. 4) y en **Tabla productos.doc**, ambos ubicados en la carpeta **Archivos Word 2010**.

DESPLAZAMIENTO	TECLADO	RATÓN
Celda siguiente	**Tab** o teclas dirección	clic en celda
Celda anterior	**Mayús+Tab** o teclas dirección	
Principio celda izq. / derecha	**Alt**+teclas dirección arriba/abajo	
Celda inicial / final de fila	**Alt+Inicio / Fin**	
Celda inicial / final de columna	**Alt+Re Pág / Av Pág**	

SELECCIÓN	TECLADO	RATÓN
Celda	**Mayús**+teclas dirección	clic a la izquierda celda
Celdas adyacentes	**Mayús**+teclas dirección	arrastrar
Fila(s)	**Mayús**+teclas dirección	clic a la izquierda de fila y arrastrar para varias
Columna(s)	**Mayús+Alt+Av Pág** (de arriba a abajo) **Mayús+Alt+Re Pág** (de abajo a arriba)	clic arriba de columna y arrastrar para varias
Tabla	**Alt+5** del teclado numérico con la tecla **Bloq Num** inactiva	clic en la esquina superior izquierda

NOTA: También puede seleccionar celdas, filas, columnas o la tabla entera con el botón **Seleccionar** en **Herramientas de tabla > Presentación > Tabla**.

Seleccionar ▾

Para insertar una **tabulación** en una celda, pulse **Ctrl+Tab**.

3.5   Tablas: bordes y sombreado, tamaño, alinear tabla

Los **bordes** y el **sombreado** son los formatos más habituales que se aplican a las tablas. Para poner bordes y sombreado hay que seleccionar la parte que queremos: filas, columnas, o tabla entera; pero, para aplicarlos a una sola celda, no hace falta seleccionarla.

Si no establecemos una anchura de columna determinada al insertar la tabla, esta ocupara todo el espacio, de margen a margen. Posteriormente podemos cambiar su **altura** y **anchura** uniformemente arrastrando su esquina inferior derecha y **alinearla** como si se tratara de un párrafo.

PRÁCTICA

A   **Cambie** los bordes y sombreados de la tabla creada en el punto A del ejercicio anterior **[Herramientas de tabla > Diseño > Estilos de tabla o Inicio > Párrafo]**:

- Todos los bordes de **estilo** punteado fino de 1 punto de **grosor.**

- **Sombreado** en primera fila de color verde claro y en el resto, anaranjado.

PRODUCTO	DISPONIBLE	DISTRIBUIDOR	MINORISTA
Cartucho de tinta	Junio	30 €	38 €
Papel fotográfico	Agosto	7 €	10 €

B   Cambie el **tamaño** la tabla anterior (arrastre el tirador ☐ de la esquina inferior derecha).

Centre la tabla en la página: seleccione toda la tabla y centre como un párrafo.

Alternativamente, con el cursor en cualquier celda de la tabla, acceda a **Herramientas de tabla > Presentación > Tabla > Propiedades > Tabla > Alineación**.

En este cuadro de diálogo también puede, entre otras opciones, aplicar sangría izquierda a toda la tabla.

PRODUCTO	DISPONIBLE	DISTRIBUIDOR	MINORISTA
Cartucho de tinta	Junio	30 €	38 €
Papel fotográfico	Agosto	7 €	10 €

3.6 Tablas: insertar, eliminar y ajustar filas/columnas, alineación vertical

Una vez creada la tabla, en muchas ocasiones, será necesario modificar su estructura, es decir, **añadir** o **eliminar filas o columnas**. Esto lo conseguiremos mediante el menú contextual de cualquier celda de la columna/fila, o bien, acudiendo a **Herramientas de tabla > Presentación > Filas y columnas**.

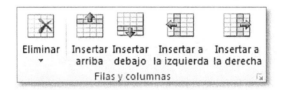

NOTA: Para añadir filas al final, la opción más rápida es pulsar **Tab** en la última celda. Si selecciona varias filas o columnas antes de insertar, añadirá tantas como haya seleccionado.

Asimismo, es habitual el tener que **cambiar** su **anchura/altura**, lo cual, como veremos, se puede hacer fácilmente arrastrando sus intersecciones o haciendo doble clic.

En filas más altas que el texto es conveniente **alinear** su contenido **verticalmente** para que se vea más claramente y las opciones para ello se encuentran en la ficha de herramientas de la tabla.

PRÁCTICA

A   Cree la tabla siguiente. La 1ª fila tiene un sombreado de color azul oscuro. La fuente de la tabla es *Calibri 11.*

NOMBRE	DIRECCIÓN	POBLACIÓN	TELÉFONO	FAX
Puertas, Bill	Win Drive	Redmond	55 44 33	33 44 55
García, Ana	Avda Valencia	Castelló	22 69 96	23 70 81
Duque, Mario	Alcalá	Madrid	111 222 333	

B   Inserte una **nueva fila al final** de la tabla (pulse **Tab en la última celda**) y escriba el texto mostrado.

Haga **más estrechas** las columnas <u>arrastrando la línea divisoria a la derecha</u> de cada una cuando el puntero adopte la forma de doble flecha ◀‖▶ . Empiece por la primera.

NOMBRE	DIRECCIÓN	POBLACIÓN	TELÉFONO	FAX
Puertas, Bill	Win Drive	Redmond	55 44 33	33 44 55
García, Ana	Avda Valencia	Castelló	22 69 96	23 70 81
Duque, Mario	Alcalá	Madrid	111 222 333	
Banderín, Toni	Beverly Hills	L.A. California	ME 77 88	ME 88 77

C Inserte una **nueva columna**, PAÍS, antes de TELÉFONO **[Herramientas de tabla > Presentación > Filas y columnas** o **menú contextual].**

A continuación, **ajuste la anchura** de las columnas automáticamente haciendo <u>doble clic en la línea divisoria a la derecha</u> de cada columna.

Para ajustar todas las columnas de la tabla a la vez haga doble clic en la <u>línea inicial de la tabla</u>, a la izquierda de la primera columna.

NOMBRE	DIRECCIÓN	POBLACIÓN	PAÍS	TELÉFONO	FAX
Puertas, Bill	Win Drive	Redmond	EEUU	55 44 33	33 44 55
García, Ana	Avda Valencia	Castelló	España	22 69 96	23 70 81
Duque, Mario	Alcalá	Madrid	España	111 222 333	
Banderín, Toni	Beverly Hills	L.A. California	EEUU	ME 77 88	ME 88 77

D **Elimine** la 4ª fila y la 6ª columna **[Herramientas de tabla > Presentación > Filas y columnas** o **menú contextual].**

Haga **más alta** la 1ª fila (arrastre parte inferior de la fila cuando el puntero adopte la forma de doble flecha ＋).

Centre la tabla.

NOMBRE	DIRECCIÓN	POBLACIÓN	PAÍS	TELÉFONO
Puertas, Bill	Win Drive	Redmond	EEUU	55 44 33
García, Ana	Avda Valencia	Castelló	España	22 69 96
Banderín, Toni	Beverly Hills	L.A. California	EEUU	ME 77 88

NOTA: Si selecciona celdas, filas, columnas o toda la tabla y pulsa **Supr**, borrará su **contenido**, pero si pulsa la tecla **Borrar** eliminará las celdas, filas, columnas o toda la tabla, afectando a la **estructura de la tabla.**

E Añada **dos filas** más al final de la tabla y **centre horizontal y verticalmente** el texto de la primera fila **[Herramientas de tabla > Presentación > Alineación].**

NOMBRE	DIRECCIÓN	POBLACIÓN	PAÍS	TELÉFONO
Puertas, Bill	Win Drive	Redmond	EEUU	55 44 33
García, Ana	Avda Valencia	Castelló	España	22 69 96
Banderín, Toni	Beverly Hills	L.A. California	EEUU	ME 77 88
Dela'O, María	Plaza Gardel	Buenos Aires	Argentina	07 08 05
Manara, Milo	Aldente	Turín	Italia	88 77 10

3.7   Tablas: ordenar, combinar celdas

Una tabla puede funcionar como una base de datos simple que permite su **ordenación** hasta por tres criterios. Si la primera fila contiene los encabezados, estos no se ordenarán.

Combinar celdas es necesario cuando tenemos un mismo encabezado para dos o más columnas, pero no debemos combinar si vamos a utilizar la tabla como base de datos.

PRÁCTICA

A   Practicaremos la ordenación en la tabla creada en el tema anterior mediante **Herramientas de tabla > Presentación > Datos > Ordenar**:

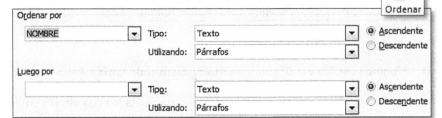

- Ordene la tabla **ascendentemente** por **NOMBRE**. Compruebe que la ordenación sea correcta.

- Ordénela de nuevo, esta vez **descendentemente**, por el criterio **PAÍS**.

- Por último, ordene la tabla, usando dos criterios: primero por **PAÍS** y luego por **NOMBRE**, **ascendentemente**.

B   Inserte la tabla siguiente (fuente Calibri 11) y **ajuste la anchura** de las columnas cuando sea necesario. Para establecer unas medidas exactas acuda a **Herramientas de tabla > Presentación > Tamaño de celda**.

ÚLTIMOS RESULTADOS QUINIELA			
Real Madrid-Valencia	1	X	2
Atlético de Bilbao-Barcelona	1	X	2
Tenerife-Villareal	1	X	2
Coruña-Valladolid	1	X	2

C   **Combine** las celdas de la primera fila **[Herramientas de tabla > Presentación > Combinar]**.

Centre el texto horizontal y verticalmente. Aplique el resto de formatos según se muestran.

ÚLTIMOS RESULTADOS QUINIELA			
Real Madrid-Valencia	1	X	2
Atlético de Bilbao-Barcelona	1	X	2
Tenerife-Villareal	1	X	2
Coruña-Valladolid	1	X	2

▌3.8   Tablas: dividir celdas, dirección del texto, numeración y viñetas

En el ejercicio anterior hemos practicado cómo combinar celdas, pero también es posible **dividirlas** como nos convenga.

Otras opciones interesantes son el poder cambiar la **dirección del texto** de las celdas para que se muestre verticalmente y el poder usar la **numeración** o las **viñetas** en las filas y/o columnas de la tabla.

Estudiaremos estas posibilidades a continuación.

PRÁCTICA

A   Inserte esta tabla con las siguientes características:

- 7 columnas x 5 filas

- Celdas de la primera columna **combinadas**.

- **División** en columnas 6 (PUERTAS) y 7 (PRECIO).

- La alineación y dirección del texto hay que establecerla como se muestra.

- La fuente utilizada es *Trebuchet Ms 11*.

Las opciones para combinar celdas, dividir celdas y las de alineación y dirección del texto se encuentran en **[Herramientas de tabla > Presentación]**.

	MODELO	CILINDRADA	AIR BAG	ABS	PUERTAS	PRECIO	
	Ferrari Testarrosa	2500	Sí	Sí	3	---	7.986.212	---
	Bugatti Veyron	1950	No	Sí	3	5	6.984.321	7.123.894
	Porsche Carrera	3100	Sí	Sí	3	---	8.365.945	---
	Tesla Racing	---	Sí	Sí	3	5	9.500.000	9.621.456

B   Modifique la tabla anterior (texto y formatos) para que aparezca aproximadamente como se muestra en la página siguiente.

Dream Cars, S.A.

DREAM CARS	MODELO	CILINDRADA	AIR BAG	ABS	PUERTAS		PRECIO EUROS €	
	Ferrari Testarrosa	2500	Sí	Sí	3		27.986	
	Bugatti Veyron	1950	No	Sí	3	5	26.984	27.123
	Porsche Carrera	3100	Sí	Sí	3		28.365	
	Tesla Racing		Sí	Sí	3	5	29.500	29.621

C Inserte esta tabla y aplíquele la **numeración** mostrada: seleccione primero las celdas a numerar y acceda a **Inicio > Párrafo > Numeración**.

	a)	b)	c)	d)	e)
1)					
2)					
3)					
4)					
5)					

D Inserte **dos filas en medio** de la tabla y compruebe que se vuelven a numerar todas las celdas.

Elimine la **columna C** y compruebe que también se vuelven a numerar automáticamente.

	a)	b)	c)	d)
1)				
2)				
3)				
4)				
5)				
6)				
7)				

3.9   Buscar · Reemplazar · Ir a

La **búsqueda** es una herramienta muy potente que en documentos largos nos ahorra mucho tiempo al localizar aquello que nos interesa muy rápidamente. Las extensas opciones de búsqueda permiten encontrar texto, formatos, pulsaciones concretas o una mezcla de todo lo anterior.

Además de buscar texto, es posible reemplazarlo por otro automáticamente. El comando **reemplazar** también funcionará con formatos (fuente, párrafo) u otros elementos que no sean texto.

Si lo que queremos es desplazarnos una página concreta, usaremos la opción **Ir a** del menú del botón **Buscar**.

Accederemos a estas herramientas en **Inicio > Edición**.

PRÁCTICA

A   En su documento **Prácticas de Word 1.docx** practique la función de búsqueda **[Inicio > Edición > botón Buscar o Ctrl+B]**.

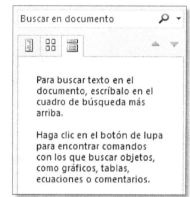

En el **Panel de navegación** escriba la palabra a buscar en la casilla de búsqueda y, a medida que la escriba, *Word* mostrará los resultados.

1. Busque las apariciones de la palabra **fuente**.

2. Busque la palabra **párrafo**.

3. Busque la palabra **bárbaros**.

Al hacer clic en cada resultado, se desplazará a la página donde aparece la palabra.

Si selecciona una palabra (o varias) antes de utilizar el comando, se buscará el texto seleccionado.

B   Ahora, desde **Inicio > Edición > menú Buscar > Búsqueda avanzada**:

1. Busque la palabra **Capítulo** cambiando las opciones de búsqueda **Coincidir mayúsculas y minúsculas**.

2. Busque las **marcas de tabulación (Especial)**.

3. Busque la aparición de **cualquier número (Especial)**.

4. Busque el formato de fuente **Calibri 12 (Formato)**.

5. Busque el formato de párrafo **centrado** con **interlineado de 1,5 (Formato)**.

Si no ve todas las opciones, clique en el botón **Más >>**.

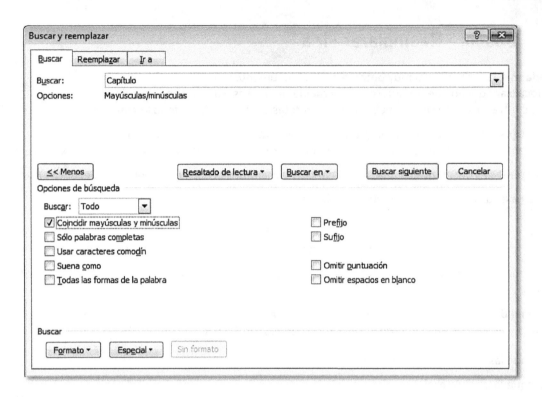

C Active la casilla **Usar caracteres comodín** y practique la búsqueda utilizando comodines: **?** equivale a un carácter, ***** equivale a un grupo de caracteres.

Por ejemplo, si busco car??, obtendré: carta, caras, cardo, carne, ...; pero, si busco car*, obtendré: carta, carnicería, carpintero, carruaje, ...

Compruebe, asimismo, las distintas opciones de esta herramienta de búsqueda avanzada.

D Desde **Inicio > Edición > Reemplazar [**o **Ctrl+L]** busque la palabra **chocolate** y sustitúyala por **chorizo de Cantimpalos**.

Luego, haga lo contrario, busque **chorizo de Cantimpalos** y sustitúyala por **chocolate**.

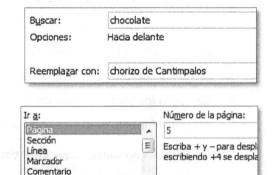

E En su documento **Prácticas de Word 1**, vaya a la página 5 y, a continuación, a la página 2 utilizando la opción **Inicio > Edición > menú Buscar > Ir a [**o **Ctrl+I]**.

NOTA: Un atajo para este comando es clicar en la zona de la barra de estado que muestra el número de página y el total de páginas. Por otra parte, la **búsqueda** se puede activar clicando en el círculo en la parte inferior de la barra de desplazamiento vertical.

3.10 Insertar símbolos

Algunas fuentes (*Symbol, Webdings, Windings, Windings 2* y *Windings 3*), en lugar de contener letras y números, contienen **símbolos** que podemos insertar para "aderezar" nuestros trabajos.

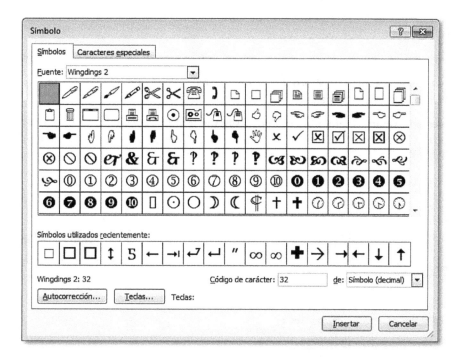

PRÁCTICA

A Inserte los **símbolos** siguientes en su documento **Prácticas de Word 2 [Insertar > Símbolos > Símbolo > Más símbolos]**. Clique en el símbolo y pulse **Insertar**.

El primer párrafo contiene símbolos de la fuente *Windings* y el segundo de la fuente *Webdings*.

B Inserte los **símbolos** de caracteres especiales siguientes **[Insertar > Símbolos > Símbolo > Más símbolos >** ficha **Caracteres especiales]**:

▌3.11   Insertar elementos rápidos: información sobre el documento

Los **elementos rápidos** insertan información de muy diverso tipo, siendo la más útil aquella concerniente al documento en el que estamos trabajando, por ejemplo, su autor, sus propiedades, el número de palabras o de caracteres, su tamaño, etc.

PRÁCTICA

A   Inserte en su documento **Prácticas de Word 2** tres **elementos rápidos** que muestren información del documento: el tamaño del archivo, el número de páginas y el número de palabras.

Hágalo desde **Insertar > Texto > Elementos rápidos > Campo** (Categoría: *Info. documento* → Nombres de campos: *FileSize / NumPages / NumWords*. Tenga en cuenta que el resultado será distinto del que figura abajo, que es sólo un ejemplo.

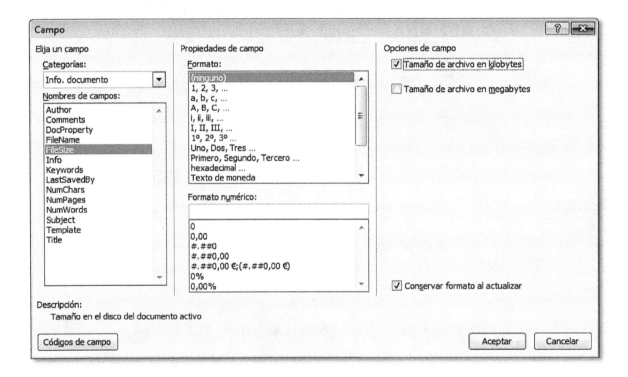

Tamaño del archivo en kilobytes: **34**

Número de páginas: **12**

Número de palabras: **567**

B   Inserte en el **pie de página** el **elemento rápido** que muestra **el nombre del documento** (Categoría: *Info. documento* → Nombre de campo: *FileName*).

▶ MÓDULO 4

TEMAS

4.1   Imágenes: insertar, modificar y restablecer

Junto a la posibilidad de insertar **imágenes**, *Word* cuenta con tal cantidad de herramientas para modificarlas que, para la mayoría de trabajos, no habrá que recurrir a un programa de tratamiento gráfico externo. Una vez insertada la imagen podremos cambiar su **tamaño**, **recortarla**, añadirle un **contorno**, **girarla** y **voltearla**, ajustar su **color**, aplicarle un **estilo** predefinido, un **efecto** artístico y, **restablecer** sus características originales.

Como imágenes en **Insertar > Ilustraciones** tenemos las incluidas en *Office* (imágenes prediseñadas) y las propias.

Cuando insertamos una imagen, queda dentro del párrafo donde está el cursor, en línea con el texto, es decir, la imagen será como una letra más. En las prácticas siguientes trabajaremos así con las imágenes.

PRÁCTICA

A   Active **Insertar > Ilustraciones > Imágenes prediseñadas** y dentro del panel de **Imágenes prediseñadas** busque **deportes** y **símbolos**. Cuando localice la imagen deseada, **clique** en ella para insertarla.

Nota: En el panel podemos restringir el tipo de archivos multimedia a buscar desplegando el menú **Los resultados deben ser**. También podemos decidir si incluimos en la búsqueda los archivos de la web **Office.com** además de los locales.

B   Ahora, **clique** en las imágenes y **modifique** su tamaño arrastrando uno de los **controladores de las esquinas** para mantener las proporciones. Si arrastra los controladores de tamaño de los lados se hará más ancha o más alargada.

Céntrelas en la página (como un párrafo) para que se muestren como abajo.

C   Compruebe la ficha **Herramientas de imagen > Formato**, la cual utilizaremos para modificar las imágenes.

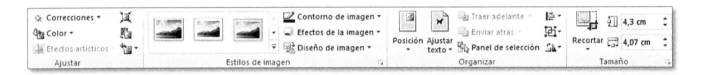

D   **Copie** las imágenes insertadas a un párrafo posterior (copiar y pegar) y **muévalas** para que queden como sigue (cortar y pegar).

Aplique **contorno** a las imágenes **[Estilos de imagen > Contorno de imagen]**.

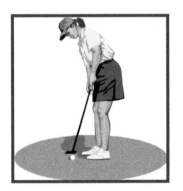

E   Elimine el contorno de la imagen de la golfista y **modifíquela** para que quede:

- En tonos de gris **[Ajustar > Color]**.

- Volteada **[Organizar > Girar]**.

- Recortada (arrastre los controladores de recorte y clique fuera de la imagen al acabar) **[Tamaño > Recortar]**.

- Su altura en **2,8 cm** (casilla del grupo **Tamaño**).

F   Compruebe la opción **Restablecer imagen** en el grupo **Ajustar** y luego deshaga la acción.

G   Mediante **Insertar > Ilustraciones > Imagen**, inserte la imagen **Playa.jpg** que se encuentra en la carpeta **Archivos Word 2010** y cambie lo siguiente:

- Modifique su tamaño.

- Aplíquele el **efecto artístico Texturizador [Ajustar > Efectos artísticos]** u otro de su agrado.

- Por último, aplíquele un **estilo [Estilos de imagen]**.

4.2   Imágenes: ajustar texto

Cuando queramos que las imágenes interactúen con el texto que las acompaña, acudiremos a la opción de **ajustar texto**, donde tendremos diversos tipos de ajuste. Una vez ajustado, arrastraremos la imagen para moverla a cualquier posición.

Ajustar texto ▾

PRÁCTICA

A   Escriba el párrafo en *Trebuchet 12*, **inserte** la imagen prediseñada (busque **avión**), cambie su tamaño y posición y aplíquele un ajuste el texto **Cuadrado [Herramientas de imagen > Formato > Organizar > Ajustar texto]**.

Este párrafo está escrito normalmente, distribuido de margen a margen y <u>alineado a la derecha</u>. Al insertar la imagen prediseñada, establecer un **ajuste del texto Cuadrado**, cambiar su tamaño y moverla ha "empujado" el texto para colocarse al lado.

B   Ahora, modifique el texto del párrafo, cambie el tamaño de la imagen y establezca un ajuste **Estrecho**.

Este párrafo está escrito normalmente, distribuido de margen a margen y <u>alineado a la derecha</u>. Al insertar la imagen prediseñada, establecer un **ajuste del texto Estrecho**, cambiar su tamaño y moverla ha "empujado" el texto, que ahora se adapta a la forma de la imagen. No obstante, con las imágenes *.jpg y otras de mapa de bits (píxeles) no es posible conseguir este efecto envolvente del texto.

C   **Cambie** a los distintos modos de ajuste y compruebe el efecto que produce cada uno. En el ejemplo de abajo se ve la imagen con un ajuste de **detrás del texto** y una **decoloración** a modo de marca de agua **[Herramientas de imagen > Formato > Ajustar > Color > Decolorar]**.

Este párrafo está <u>justificado</u>. Al establecer un **ajuste Detrás del texto** a la imagen, ha hecho que quede por debajo. Además, la decoloración ha suavizado los colores para que se vea el texto impreso. Si el texto cubre totalmente una imagen con ajuste **Detrás del texto** no podremos seleccionarla, a menos que acudamos a **Inicio > Edición > Seleccionar > Seleccionar objetos / Panel de selección**.

NOTA: Hay que tener en cuenta que las imágenes se **anclan** al párrafo más cercano cuando las insertamos o las movemos. Para ver la marca de anclaje ⚓ y poderla mover, si fuera necesario, muestre las marcas de formato.

4.3   Imágenes: más opciones de diseño y precisión en los ajustes

Aquí practicaremos opciones más avanzadas sobre el **diseño** y la **precisión** en los ajustes de las imágenes.

PRÁCTICA

A   Escriba el texto según se indica en el mismo y luego inserte la imagen **Violinista.wmf** que se encuentra en la carpeta **Archivos Word 2010** con ajuste del texto cuadrado.

Acceda a **[Herramientas de imagen > Formato > Organizar > Ajustar texto > Más opciones de diseño > Ajuste del texto]** y modifique la imagen.

El **tamaño** de la imagen es 2,4 cm (alto) x 4,3 cm (ancho).

La **distancia desde texto** es de 0,1 cm (arriba y abajo) y de 0,8 cm (izquierda y derecha)

Este párrafo se ha escrito con la fuente Comic Sans MS 10,5, justificado, tiene una sangría izquierda de 1,5 cm y una sangría derecha de 2 cm. Si escribe texto e inserta una imagen  dentro de un párrafo, esta quedará como parte del mismo, es decir, como un carácter más. Para que el texto rodee la imagen habrá que establecer un ajuste de texto adecuado. Si necesitamos gran precisión habrá que acudir a **Más opciones de diseño**, en el botón **Ajustar texto**. Otras opciones de precisión están en el menú **Tamaño** y en **Formato de imagen** del **menú contextual**.

B   Ahora, cambie la **posición** de la imagen, aplíquele un estilo de su agrado y configúrela con estas características.

La **distancia desde texto** es 0 cm arriba y abajo; 0,5 cm a la izquierda y derecha.

Disminuya su **brillo** un **40%** y aumente su **contraste** un **40%** [**Herramientas de imagen > Formato > Ajustar > Correcciones**].

Cambie su **tamaño** proporcionalmente hasta el **21%** [**Herramientas de imagen > Formato >** menú **Tamaño**].

NOTA: Con la opción **Bloquear relación de aspecto** cambiará la altura y la anchura a la vez y con **Proporcional al tamaño original de la imagen** conseguimos que las proporciones se ajusten al original.

 Este párrafo se ha escrito con la fuente Comic Sans MS 10,5, justificado, tiene una sangría izquierda de 1,5 cm y una sangría derecha de 2 cm. Si escribe texto e inserta una imagen dentro de un párrafo, esta quedará como parte del mismo, es decir, como un carácter más. Para que el texto rodee la imagen habrá que establecer un ajuste de texto adecuado. Si necesitamos gran precisión habrá que acudir a **Más opciones de diseño**, en el botón **Ajustar texto**. Otras opciones de precisión están en el menú **Tamaño** y en **Formato de imagen** del **menú contextual**.

4.4 Formas: insertar, modificar, añadir texto, ajustar imagen a forma

Las **formas** son dibujos prediseñados que podemos **insertar**, **modificar** y darles un **estilo** de forma similar a las imágenes. Sin embargo, a diferencia de las estas, cuando las insertamos tienen un ajuste **Encima del texto**.

A las formas cerradas se les puede añadir **texto** en su interior con el menú contextual y también se pueden utilizar a modo de marco para una imagen al **recortar** la **imagen con una forma**.

PRÁCTICA

A Inserte las **formas** aproximadamente como se muestran **[Insertar > Ilustraciones > Formas]**.

Use los colores de **relleno**, el **contorno** y la **sombra** que desee **[Herramientas de dibujo > Formato > Estilos de forma > Relleno de forma / Contorno de forma / Efectos de formas]**.

> **NOTA**: Para dibujar formas regulares (círculo, cuadrado) o mantener las proporciones de una forma al cambiar su tamaño, arrastre uno de los controladores de las esquinas **manteniendo** la tecla **Mayús** pulsada.

B Ahora inserte la forma básica "Sol" y desde la misma ficha de herramientas aplíquele el **efecto preestablecido 5** **[Estilos de forma > Efectos de formas > Preestablecer]**.

Inserte, además, una llamada de nube con **texto** alineado en el **centro** y **sombra exterior**.

Para **mover** una forma con texto, arrastre su borde.

C   **Copie** las formas del punto A y **gírelas manualmente** arrastrando el controlador de giro, el círculo verde (o el de tamaño en la flecha) hasta que aparezcan como abajo.

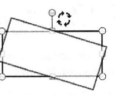

Aplíqueles un estilo de su agrado en **Estilos de forma**.

D   **Copie** las formas del punto B y cambie lo siguiente:

Escriba "Sol" en la primera [menú contextual > **Agregar texto**].

Voltee la segunda forma **horizontal y verticalmente [Herramientas de dibujo > Formato > Organizar > Girar]**.

E   Por último, inserte la imagen **Alisa.jpg** desde la carpeta **Archivos Word 2010** y en **Herramientas de imagen > Tamaño >** menú **Recortar > Recortar a la forma**, elija una forma que aplicar a la imagen.

4.5 Formas: ordenar y agrupar

Las imágenes y las formas se pueden solapar. Si queremos cambiar el **orden** de figuras superpuestas lo haremos fácilmente con el menú contextual o desde **Herramientas de dibujo > Formato > Organizar**. Con el mismo procedimiento podremos **agrupar** en un solo objeto aquellas formas que hayamos seleccionado previamente.

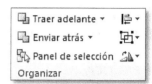

PRÁCTICA

A   Inserte las cuatro formas empezando por la elipse y desde **Herramientas de dibujo > Formato > Organizar > Traer adelante / Enviar atrás** (o el **menú contextual**) **ordénelas** para realizar la siguiente composición.

Luego, seleccione (**Ctrl / Mayús+clic**) y **agrupe** las figuras en un solo objeto [**Herramientas de dibujo > Formato > Organizar > Agrupar** o el **menú contextual**].

Aplique al conjunto una **sombra** o **reflejo**.

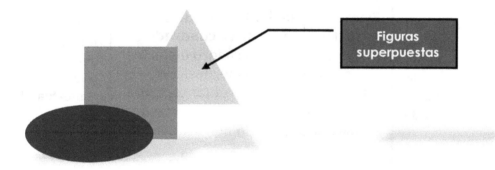

B   Realice el siguiente diagrama de flujo [**Insertar > Ilustraciones > Formas (Líneas** y **Diagrama de flujo)**]. Una vez creadas todas las partes, **agrúpelas** en un solo objeto.

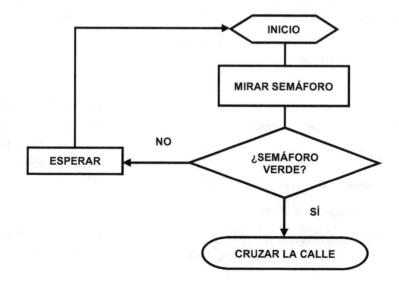

4.6   Cuadros de texto

Los **cuadros de texto** son formas especialmente preparadas para contener texto en su interior, aunque también es posible incluir imágenes y tablas. Veremos sus posibilidades en este tema.

PRÁCTICA

A   **Escriba** el párrafo en *Calibri* 11 y luego inserte un cuadro de texto **[Insertar > Texto > Cuadro de texto > Cuadro de texto simple / Dibujar cuadro de texto]**.

Escriba el texto dentro del cuadro (*Cambria 12*, centrado) y aplíquele un **ajuste de texto cuadrado** **[Herramientas de dibujo > Formato > Organizar > Ajustar texto]**.

Centre el texto **verticalmente** desde **Herramientas de dibujo > Formato > Texto > Alinear texto**. Dele otros formatos: contorno, relleno, ...

Este texto está **fuera del** justificado. Para cambiar el texto, haga clic con el botón cuadro de texto, lo tiempo aparecerá el menú **de forma** o **Más opciones de**

> Este texto está **dentro del cuadro de texto**, cuyo ajuste es **cuadrado**.
> Puede escribir en el cuadro de texto y cambiar su tamaño, posición, formato, etc. Puede editar el texto haciendo clic dentro del cuadro de texto y escribiendo normalmente.

cuadro   de   texto   y formato del cuadro de derecho en el borde del seleccionará y al mismo contextual. Elija **Formato diseño**.

B   Desde **Herramientas de dibujo > Formato** cambie el cuadro de texto del ejercicio anterior para que se muestre aproximadamente como sigue. Tiene distinto estilo, posición, tamaño y fuente. Tiene, además, un **margen interno** de **1,5 cm** en los lados izquierdo y derecho **[Estilos de forma > menú Formato de forma > Cuadro de texto]**.

La **distancia desde texto** externo al cuadro de texto es de **0,8 cm** por todos los lados **[Organizar > Ajustar texto > Más opciones de diseño > ficha Ajuste del texto]**.

> *Este texto está **dentro del cuadro de texto**, cuyo ajuste es **cuadrado**. Puede escribir en el cuadro de texto y cambiar su tamaño, posición, formato, etc. Puede editar el texto haciendo clic dentro del cuadro de texto y escribiendo normalmente.*

Este texto está **fuera del cuadro de texto** y justificado. Para cambiar el formato del cuadro de texto, haga clic con el botón derecho en el borde del cuadro de texto, lo seleccionará y al mismo tiempo aparecerá el menú contextual. Elija **Formato de forma** o **Más opciones de diseño**.

C Inserte el cuadro de texto de abajo y cambie **dirección** del texto en su interior (*Calibri 12*) **[Herramientas de dibujo > Formato > Texto > Dirección del texto]**.

Luego, cambie su **forma** en el grupo **Insertar formas** eligiendo **Cambiar forma** del menú del botón **Editar forma**.

Para enfatizar más o menos la forma y destacar sus características distintivas, arrastre el controlador del **rombo amarillo**.

El texto siguiente tiene una dirección vertical izquierda

D Inserte el cuadro de texto y cambie su **forma**. Dentro de él inserte una **imagen prediseñada** y la **tabla** mostrada, ambas centradas.

4.7   WordArt

El texto artístico del **WordArt** nos puede servir para un folleto, un cartel o cualquier trabajo que precise títulos o rótulos llamativos, ya que puede adoptar diversas formas y estilos.

Una vez insertado, junto a las herramientas de dibujo, tendremos las propias de este elemento en **Herramientas de dibujo > Formato > Estilos de WordArt**.

PRÁCTICA

A   Inserte estos cuatro objetos **WordArt [Insertar > Texto > WordArt]** y deles una forma parecida a los mostrados con el menú del botón **Efectos de texto > Trasformar**, en el grupo **Estilos de WordArt**.

Una vez insertado el objeto puede **modificarlo** con los grupos **Estilos de WordArt** y **Texto**.

Para **enfatizar** la forma (por ejemplo, para abrir o cerrar una forma circular) arrastre el **rombo rosado**. Tenga en cuenta que, según la forma dada, la fuente cambiará de tamaño con el WordArt.

Las fuentes usadas son: *Brush Script MT, Century Gothic* negrita, *Calibri* y *Arial Black 22.*

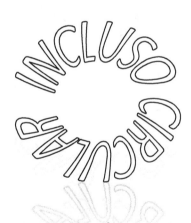

4.8   Revisión: Imágenes, WordArt, cuadros de texto y formas

PRÁCTICA

A   En un documento nuevo realice la siguiente composición de forma que el resultado sea aproximadamente como la muestra impresa.

El texto y el WordArt de título están escritos con la fuente *Papyrus*, la forma con la solución con *Arial Narrow*, justificado.

Las **imágenes** están en la carpeta **Archivos Word 2010 (Idea.wmf** y **África.jpg).**

Al acabar, guarde el documento en su carpeta con el nombre de **Objetos Gráficos 1.**

Problema de lógica

En uno de sus viajes por África Central, Alex Plorer cayó en manos de una tribu de fieros guerreros, los Thar-Umbas, y fue condenado a muerte. De acuerdo con una costumbre local sería ejecutado con una flecha o con veneno.

El jefe de la tribu era el que decidía la forma de la ejecución pidiendo al prisionero que hiciera una afirmación. Si la frase afirmativa que decía el prisionero era considerada verdadera por el jefe, sería ejecutado mediante una flecha. Si la frase era considerada falsa, el prisionero moriría envenenado. En cualquier caso, la muerte de Alex era inevitable...

Sin embargo, dijo una frase tal que hizo imposible que el jefe llevara a cabo la ejecución y, por tanto, tuvo que dejarlo marchar.

¿Qué dijo Alex Plorer?

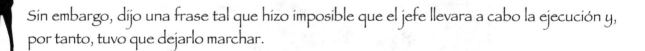

Solución: Dijo, "Moriré envenenado". Si el jefe la consideraba verdadera, tendría que ejecutarlo con la flecha, pero entonces lo dicho por Alex sería falso y debería morir envenenado. Si la frase la consideraba falsa, debería ejecutarlo con veneno, pero eso convertiría en verdadera su afirmación. Enfrentado a esta paradoja, tuvo que liberarlo.

B   En un documento nuevo realice una composición lo más parecida a la de abajo.

El **WordArt** tiene la fuente *Stencil*, la imagen **Loros.jpg** está en la carpeta **Archivos Word 2010**.

Las fuentes para el texto son *Verdana* (cuadro de texto bajo la imagen) y *Comic Sans MS* (llamadas).

La **forma** con la esquina doblada se ha insertado al final y se ha enviado al fondo. Su relleno es la textura Pergamino.

Al acabar, guarde el documento en su carpeta con el nombre de **Objetos Gráficos 2**.

█ 4.9   Letra capital · Notas al pie

Un fragmento del inicio del *El Quijote* nos servirá para aprender a insertar una **letra capital** en un párrafo y a usar las **notas al pie** para clarificar términos del texto.

PRÁCTICA

A   En el documento **Prácticas de Word 2** escriba este párrafo (excepto los números en superíndice) con el siguiente formato: justificado, interlineado de 1,5 y fuente *Monotype Corsiva 16*.

Una vez escrito, con el cursor en el texto, aplíquele una **letra capital [Insertar > Texto > Letra capital]**: la letra capital está en el texto, ocupa 3 líneas y la distancia desde el texto es de 0,5 cm.

B   Finalmente, colocando el cursor tras la palabra del texto que quiera aclarar, inserte las dos **notas al pie** que se muestran **[Referencias > Notas al pie > Insertar nota al pie]**.

NOTA: Al colocar el puntero sobre el número de cada nota en el párrafo aparecerá el texto de la nota. Si suprimimos este número, suprimiremos también la nota al pie.

Las notas se pueden colocar al final del documento eligiendo **Referencias > Notas al pie > Insertar nota al final**.

*E*n un lugar de la Mancha, de cuyo nombre no quiero acordarme, no ha mucho tiempo que vivía un hidalgo de los de lanza en astillero, adarga[1] antigua, rocín flaco y galgo corredor. Una olla de algo más vaca que carnero, salpicón las más noches, duelos y quebrantos[2] los sábados, lentejas los viernes, algún palomino de añadidura los domingos consumían las tres partes de su hacienda.

---

[1] Escudo de cuero, ovalado o de forma de corazón.
[2] Los duelos y quebrantos son un plato tradicional de la gastronomía de Castilla-La Mancha, cuyos ingredientes principales son huevo revuelto, chorizo, tocino entreverado y otros derivados del cerdo, todo ello preparado en la sartén.

4.10   Copiar y pegar entre documentos · Ver en paralelo · Dividir ventana

El contenido de un documento, no solo lo podemos copiar/cortar y pegar en él, sino en otro documento, e incluso en una aplicación distinta. Aquí practicaremos la **copia entre archivos** de *Word*, pero el procedimiento será el mismo en cualquier otro caso.

Para comparar dos documentos tenemos la opción de **verlos en paralelo** de forma automática, sin necesidad de mover y redimensionar sus ventanas.

Y en un documento largo será útil **dividir su ventana** en dos paneles, de manera que podamos comparar dos páginas alejadas entre sí al verlas a la vez.

PRÁCTICA

A   Cree un documento nuevo y guárdelo con el nombre de **Ejercicios de Tablas.docx**. Configure sus **márgenes**:

Superior: **2,5 cm**   Inferior: **3 cm**   Izquierdo: **2,5 cm**   Derecho: **1,5 cm**

Encabezado: **1,25 cm**   Pie de página: **1,75 cm**

B   Abra **Prácticas de Word 2.docx** y **copie** el contenido de las páginas que contienen los ejercicios sobre tablas.

C   Desplácese al nuevo documento, **Ejercicios de Tablas**, y **pegue** allí las páginas copiadas.

D   **Guarde** el documento **Ejercicios de Tablas**.

E   En **Vista > Ventana** active **Ver en paralelo** y compare las tablas en uno y otro documento. Desactive el **desplazamiento sincrónico** si no le es de utilidad.

F   Desactive la vista en paralelo y en **Prácticas de Word 2** divida su ventana arrastrando la parte superior de la barra de desplazamiento vertical. Alternativamente, acuda a **Vista > Ventana > Dividir** y clique donde quiera la división.

G   Desplácese a la página 1 en el panel superior, y a la página 4 en el inferior.

H   Finalmente, desactive la división de la ventana arrastrando el separador hacia arriba o hacia abajo hasta llegar al final. O bien, clique en **Vista > Ventana > Quitar división**.

4.11   Tablas: convertir texto en tabla y tabla en texto

Esta doble opción de convertir **texto en tabla** y **tabla en texto** nos puede venir muy bien cuando nos encontramos con trabajos donde, bien las tabulaciones, bien las tablas no se han empleado adecuadamente y hay que mejorarlos.

PRÁCTICA

A   Escriba el texto de abajo (*Calibri 11*) separado por tabulaciones en su documento **Ejercicios de Tablas** (las pulsaciones de la tecla **Tab** están representadas por las flechas).

Selecciónelo y **conviértalo** en una tabla desde **Insertar > Tabla > Convertir texto en tabla**.

Luego, vuelva a convertir la tabla en texto desde **Herramientas de tabla > Presentación > Datos > Convertir texto a** (en realidad, debería mostrar **Convertir tabla en texto**, que es el cuadro de diálogo que activa el botón).

🖳 Convertir texto a

TIPO ORDENADOR → PROCESADOR → PRECIO
Sobremesa → Intel → 1.500
Sobremesa → AMD → 1.200
Portátil → Apple → 2.000

TIPO ORDENADOR	PROCESADOR	PRECIO
Sobremesa	Intel	1.500
Sobremesa	AMD	1.200
Portátil	Apple	2.000

B   **Copie** el texto tabulado que creó en el módulo 2 (**Prácticas de Word 1.docx**) y **conviértalo** en tabla.

Elimine la primera columna, centre la tabla y cambie la alineación del texto.

CAMBIO	DÓLARES	EUROS
1 yen	1,17	0,09
100 rupias	1,31	0,75
1 rublo	0,50	0,23

4.12 Tablas: repetición de filas de título, ordenar y buscar datos

En tablas largas, con muchas filas que ocupan varias páginas perderemos de vista los encabezados de las columnas a partir de la segunda página, a menos que activemos la **repetición de filas de título**. Al hacerlo así, también se imprimirán los encabezados en todas las páginas que ocupe la tabla.

Ya hemos practicado la **ordenación** en tablas con datos de tipo texto, en esta ocasión la ampliaremos a los datos de tipo numérico.

En cuanto a la **búsqueda**, también la retomamos en esta práctica, ya que es una operación fundamental al trabajar con tablas extensas.

PRÁCTICA

A Abra el documento **Tabla productos.doc**, que se encuentra dentro de la carpeta **Archivos Word 2010** y guárdelo en su carpeta como documento de Word (*.docx).

B Mediante la opción **Repetir filas de título** en **Herramientas de tabla > Presentación > Datos** establezca la primera fila como títulos a repetir en cada página (sitúe el cursor en la primera fila o selecciónela).

Compruebe que se repite la fila en cada página.

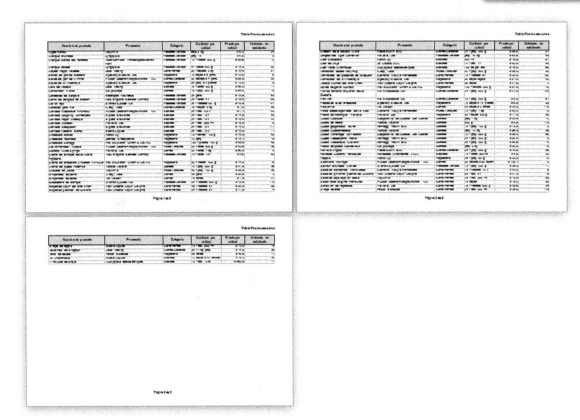

C **Desactive** la repetición de filas de título de igual forma y compruebe que ya no se repiten

D Vuelva a activarla.

E Acceda a **Herramientas de tabla > Presentación > Datos > Ordenar** y

- Ordene la tabla por **Nombre de producto** en forma descendente.

- Ordénela de nuevo por **Precio por unidad** (dato de tipo numérico) descendentemente.

- Configure una nueva ordenación por **Categoría** como primer criterio y por **Proveedor** como segundo criterio, ambos ascendentemente.

- Finalmente, ordénela por **Categoría** ascendente, **Precio por unidad** (numérico) descendente y **Unidades en existencia** (numérico) ascendente.

F Desde **Inicio > Edición > Buscar** busque lo siguiente:

- Productos cuyo nombre contenga *chocolate*.

- Ahora, busque los *ositos de goma*.

- Finalmente, busque el proveedor *Exotic Liquids*.

Rafael Roca   95

4.13   Imágenes en tablas, encabezado y pie de página

Las **imágenes** se pueden insertar en las celdas de una **tabla** y también en el **encabezado** o **pie de página** para que se repitan en todas las páginas del documento. Esto último será de utilidad para incluir el logo de una empresa.

PRÁCTICA

A   Inserte una **tabla** como la mostrada escriba el texto e **inserte imágenes** de su agrado en las celdas. Alinéelas como se muestran.

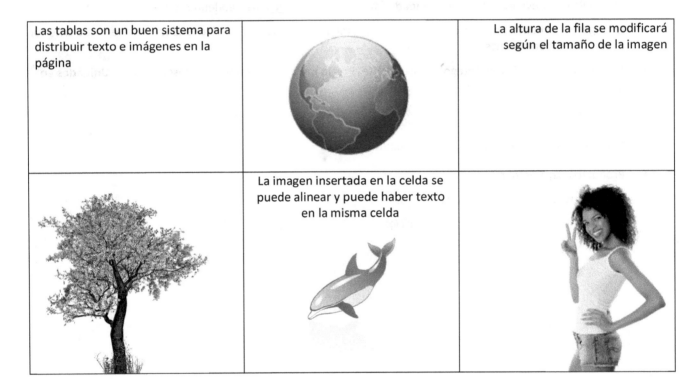

Las tablas son un buen sistema para distribuir texto e imágenes en la página		La altura de la fila se modificará según el tamaño de la imagen
	La imagen insertada en la celda se puede alinear y puede haber texto en la misma celda	

B   En el **encabezado** de su documento **Instrucciones monopatín** (u otro de su elección) inserte la imagen siguiente u otra parecida. Aplique a la imagen un ajuste de texto **Delante del texto** y muévala a la derecha del encabezado.

> **NOTA:** Una vez insertada la imagen dentro del encabezado/pie puede colocarse en cualquier posición de la página, no necesariamente en el área destinada al encabezado/pie. Esto nos permite crear una marca de agua personalizada.

C   Cree un **documento nuevo** y guárdelo en su carpeta con el nombre de **Imágenes en tablas y pie.docx**.

En ese documento confeccione la **tabla** siguiente e inserte una **imagen prediseñada** de su elección en el **pie de página**, a la izquierda.

Las fuentes usadas son *Garamond* (18 y 11) y *Arial* (16 y 9).

Las imágenes de la tabla (**Ambulancia.wmf**, **Matemática.wmf** y **Acuerdo.wmf**) hay que buscarlas en la carpeta **Archivos Word 2010**.

· Asociación de Vecinos Costa Pada ·

BOLETÍN NO. XXI   JULIO – AGOSTO

¡Tenemos ambulancia!

Gracias a la presión vecinal ejercida durante este año, el ayuntamiento ha adquirido la **flamante ambulancia** que muestra la foto. Por desgracia, no se podrá utilizar hasta que se encuentre un conductor cualificado.

Concurso matemático

El ganador del concurso matemático celebrado el pasado mes de Junio en la escuela de verano ha sido **Pitagorín Gates**. El niño prodigio, que ya ganó el año pasado, al recibir su premio declaró: *"Se lo dedico a mi tío Bill, que no me estará escuchando, pero que me sirve de inspiración".*

CARTEL DEL CONCURSO MATEMÁTICO

Acuerdo municipal

Por fin se ha llegado a un acuerdo entre los grupos que forman el gobierno municipal para declarar **la fonda del pueblo** "Espacio ecológico protegido". Por lo visto, las famosas chinches que habitan en la fonda pertenecen a una especie única en el mundo. Científicos de varias naciones se reunirán en el establecimiento para estudiarlas en detalle.

Página 1

4.14 Columnas estilo periódico

Si queremos que el texto de nuestro documento o parte de él se distribuya en dos o más columnas y que el texto se ajuste automáticamente dentro de ellas, deberemos utilizar las **columnas estilo periódico**.

Word colocará el texto así distribuido en una nueva sección, es decir, insertará automáticamente un **salto de sección continua** antes y otro después del texto seleccionado (si activamos las marcas ocultas, podremos verlos). Esto es importante tenerlo en cuenta porque si borramos uno de los saltos, cambiaremos la distribución del texto de antes y/o de después de las columnas estilo periódico.

> **Nota:** Las **secciones** son partes de un documento que pueden configurarse de **forma independiente** en cuanto a la orientación de la página, sus márgenes, el encabezado y el pie de página, etc., exceptuando las secciones continuas, que usamos para las columnas estilo periódico.
>
> Se pueden crear de forma manual en **Diseño de página > Configurar página > Saltos > Saltos de sección**.
>
> Para ver en la barra de estado en qué sección se encuentra, en el menú contextual de la barra de estado, active **Sección**.

Práctica

A En su documento **Prácticas de Word 2.docx**, **escriba** el texto siguiente en *Garamond 12* y justificado.

"...y entonces fue cuando tuve la certeza de que era el asesino. El corazón me empezó a latir con fuerza y quería echar a correr, sin embargo, no sé cómo me las arreglé para balbucear una excusa y salí de su despacho. Tan pronto llegué al portal corrí hasta su oficina, Sr. Marlowe, creyendo oír pisadas que se acercaban, mirando hacia atrás continuamente por si me perseguía..."

"Está bien", dije con voz serena, intentando tranquilizar a la joven, que parecía a punto de echarse a llorar y mi pañuelo estaba sin lavar desde hacía una semana, "tome un cigarrillo e intente calmarse. Me haré cargo de su caso, pero no informe a la policía hasta que yo le avise".

Encendió el cigarrillo lentamente y le dio una larga y ávida calada. Su cuerpo pareció relajarse y una sonrisa pretendidamente forzada se dibujó por un momento en su joven, cándido y, a la vez, turbador rostro.

B Haga una copia del texto anterior, **seleccione** el texto copiado y distribúyalo en **3 columnas** de igual anchura con una línea entre ellas. Para ello, acceda a **Diseño de página > Configurar página > Columnas > Más columnas**.

Asegúrese de haber dejado párrafos antes y después del texto que quiere distribuir en columnas, ya que este se incluirá en una **nueva sección** del documento. El tema de las secciones lo trataremos en el próximo módulo, pero puede mostrar las marcas de formato ocultas para ver los saltos de sección.

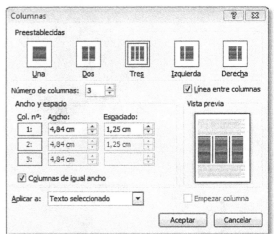

"...y entonces fue cuando tuve la certeza de que era el asesino. El corazón me empezó a latir con fuerza y quería echar a correr, sin embargo, no sé cómo me las arreglé para balbucear una excusa y salí de su despacho. Tan pronto llegué al portal corrí hasta su oficina, Sr. Marlowe, creyendo oír pisadas que se acercaban, mirando hacia atrás continuamente por si me perseguía..."

"Está bien", dije con voz serena, intentando tranquilizar a la joven, que parecía a punto de echarse a llorar y mi pañuelo estaba sin lavar desde hacía una semana, "tome un cigarrillo e intente calmarse. Me haré cargo de su caso, pero no informe a la policía hasta que yo le avise".

Encendió el cigarrillo lentamente y le dio una larga y ávida calada. Su cuerpo pareció relajarse y una sonrisa pretendidamente forzada se dibujó por un momento en su joven, cándido y, a la vez, turbador rostro.

C   Modifique el texto anterior de la siguiente manera:

- **Añada** un título <u>antes del texto en columnas</u> y complete el primer párrafo.
- **Cambie** la anchura de la primera columna y desactive la línea entre columnas.
- **Inserte** la imagen **Detective.wmf**, desde la carpeta **Archivos Word 2010**.

Capítulo 1

"Aunque Billy dijo que no conocía a aquel hombre, yo los había visto hablando en el café. De pronto, me miró de una forma extraña y entonces fue cuando tuve la certeza de que era el asesino. El corazón me empezó a latir con fuerza y quería echar a correr, sin embargo, no sé cómo me las arreglé para balbucear una excusa y salí de su despacho. Tan pronto llegué al portal corrí hasta su oficina, Sr. Marlowe, creyendo oír pisadas que se acercaban, mirando hacia atrás continuamente por si me perseguía..."

"Está bien", dije con voz serena, intentando tranquilizar a la joven, que parecía a punto de echarse a llorar y mi pañuelo estaba sin lavar desde hacía una semana, "tome un cigarrillo e intente calmarse. Me haré cargo de su caso, pero no informe a la policía hasta que yo le avise".

Encendió el cigarrillo lentamente y le dio una larga y ávida calada. Su cuerpo pareció relajarse y una sonrisa pretendidamente forzada se dibujó por un momento en su joven, cándido y, a la vez, turbador rostro.

▌ 4.15   Combinar correspondencia: cartas

La herramienta para **combinar correspondencia** nos permite crear cartas personalizadas con los datos almacenados en una base de datos. Estos datos pueden proceder de distintas aplicaciones, como *Access* o *Excel*, aunque en esta práctica usaremos una sencilla tabla de *Word*.

Durante el proceso de combinación de correspondencia emplearemos **3 archivos**:

(1) La tabla ya mencionada con los **datos** a combinar.

(2) El documento principal de la combinación, que en este caso será una **carta**.

(3) El documento con los **datos combinados**, es decir, con el texto de la carta más los datos de la tabla.

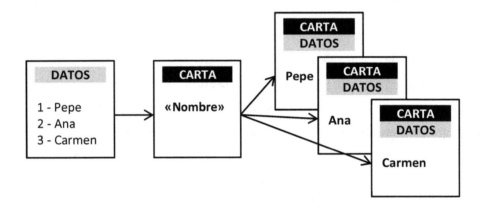

PRÁCTICA

A   En un documento nuevo cree una **tabla** con la estructura y datos mostrados. Al acabar, guarde el documento con el nombre de **Clientes El Ruiseñor** y ciérrelo.

Esta tabla la utilizaremos como **origen de datos** para la combinación.

Nombre	Apellidos	Dirección	CódigoPostal	Ciudad	Provincia	Teléfono
Vicent	Blanc Groc	Av. l'Orxata, 7	46120	Alboraya	Valencia	654321065
Pedro	Picapiedra	Flintstone, 8	16061	Cuenca	Cuenca	642567899
Amalia	Luna Llena	Plaza Playa, 15	12560	Benicàssim	Castelló	696969696
Lara	Croft	Raider, 127	28007	Madrid	Madrid	605040302
Benito	Pope Ruíz	Av. Vatican, 33	08080	Barcelona	Barcelona	648321483

B   En otro documento confeccione la carta mostrada en la página siguiente y guárdelo como **Carta clientes El Ruiseñor – comb. Corresp**.

Este será el **documento principal** de la combinación. A partir de él crearemos una carta para cada cliente con sus datos postales.

El ruiseñor

Moda y confort

Ávila, 16 de junio de 2018

Estimado nos dirigimos a usted para informarle del inicio de las esperadas <u>rebajas de artículos de importación</u>, que debido a la gran demanda habíamos tenido que retrasar.

No lo dude, para estar a la última moda de París y Nueva York visite nuestros locales. Nuestro personal le atenderá gustosamente como <u>usted</u> se merece.

Reciba nuestros más cordiales saludos, y recuerde nuestro lema:

"Haga frío o haga calor, nadie supera a El Ruiseñor"

José Domingo Alegre de Mayo
GERENTE

C En este documento, desde la ficha **Correspondencia > Iniciar combinación de correspondencia**, <u>iniciaremos la combinación de correspondencia</u> eligiendo **Cartas**.

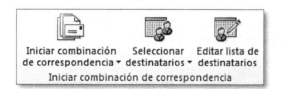

D A continuación, <u>seleccionaremos los destinatarios</u> y clicaremos en **Usar lista existente**.

Para elegir un origen de datos, <u>abriremos la carpeta y, finalmente, el archivo</u> que contiene los datos, en nuestro caso el documento **Clientes El Ruiseñor**.

E   Ahora <u>colocaremos el cursor</u> en la posición donde queremos que aparezca el nombre del cliente.

En el grupo **Escribir e insertar campos**, clicaremos en el botón (o en la flecha asociada al botón) **Insertar campo combinado**, y elegiremos el campo "Nombre".

El ruiseñor

Moda y confort

«Nombre»

F   Repetiremos la operación para cada campo, situando el cursor correctamente.

Una vez insertados los campos se pueden eliminar, copiar, mover y cambiar su formato.

El ruiseñor

Moda y confort

«Nombre» «Apellidos»

«Dirección»

«CódigoPostal» «Ciudad»

«Provincia»

G   Mediante el botón **Vista previa de resultados** comprobaremos cómo quedan los datos combinados. Si clicamos en los botones de las **flechas** visualizaremos los distintos registros de la tabla.

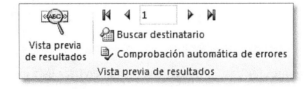

Seleccionando los datos mostrados podemos cambiar su formato (fuente, alineación, sangría, etc.) el cual se aplicará a todos los registros.

El ruiseñor

Moda y confort

Vicent Blanc Groc

Av. l'Orxata, 7

46120 Alboraya

Valencia

H A continuación, en el cuerpo de la carta colocaremos el cursor allí donde queremos que aparezcan el nombre y apellidos del cliente.

Mediante **Escribir e insertar campos > Insertar campo combinado** elegiremos sucesivamente los campos de la base de datos "Nombre" y "Apellidos". Este será el texto que veremos si desactivamos **Vista previa de resultados**.

Estimado «**Nombre**» «**Apellidos**» nos dirigimos a usted para informarle del inicio de las esperadas <u>rebajas de artículos de importación</u>, ...

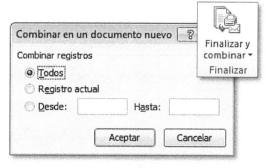

I Finalmente clicaremos en **Finalizar y combinar**, eligiendo **Editar documentos individuales** para todos los registros.

Con ello se creará automáticamente un documento (**Cartas1**) conteniendo el texto de la carta y los datos de los clientes.

Pase a la **vista previa de impresión** para comprobar mejor el resultado.

J Este documento podremos **imprimirlo**, **guardarlo**, o bien, **descartarlo** si encontramos errores en el texto o en los datos. En este caso, deberíamos corregir los errores y combinar de nuevo.

4.16 Combinar correspondencia: etiquetas, sobres y directorio

A partir de los datos almacenados, además de cartas personalizadas, contamos con las opciones de crear **etiquetas**, de diversos tamaños y formatos, al igual que los **sobres**, donde añadiremos el remitente si queremos. El **directorio**, por su parte, es un simple listado de los datos.

El proceso de combinación es muy similar al visto en el tema anterior, pero con opciones específicas en cada caso.

PRÁCTICA

A **Cree** un documento y **guárdelo** con el nombre de **Etiquetas clientes – comb. corresp**.

Inicie el proceso de combinar correspondencia para crear etiquetas **[Correspondencia > Iniciar combinación de correspondencia > Etiquetas]**.

En **opciones para etiquetas** elija la marca **APLI** y el número de producto **APLI 01209**.

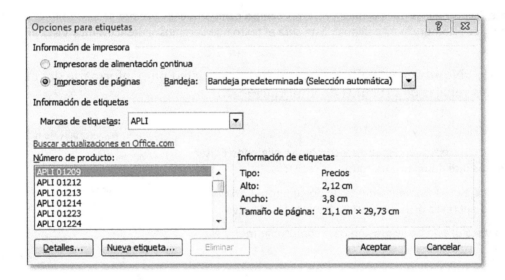

El documento se configurará **automáticamente** para imprimir dichas etiquetas y aparecerá una tabla con su distribución (cada celda equivale a una etiqueta).

B **Seleccione los destinatarios** de una **lista existente**: el documento **Clientes El Ruiseñor.docx**.

Aparecerá el contenido siguiente en la tabla:

	«Próximo registro»	«Próximo registro»	«Próximo registro»	«Próximo registro»

C   En la tabla inserte los campos **[Escribir e insertar campos > Insertar campo combinado]** solo en la **primera celda** y, al acabar, clique en el botón **Actualizar etiquetas** para que se repita el bloque en el resto de celdas.

🔁 Actualizar etiquetas

«Nombre» «Apellidos» «Dirección» «CódigoPostal» «Ciudad»	«Próximo registro»«Nombre» «Apellidos» «Dirección» «CódigoPostal» «Ciudad»	«Próximo registro»«Nombre» «Apellidos» «Dirección» «CódigoPostal» «Ciudad»	«Próximo registro»«Nombre» «Apellidos» «Dirección» «CódigoPostal» «Ciudad»	«Próximo registro»«Nombre» «Apellidos» «Dirección» «CódigoPostal» «Ciudad»

«ABC»
Vista previa de resultados

D   Clique en **Vista previa de resultados** para comprobar cómo quedan los datos combinados.

Vicent Blanc Groc Av. l'Orxata, 7 46120 Alboraya	Pedro Picapiedra Flintstone, 8 16061 Cuenca	Amalia Luna Llena Plaza Playa, 15 12560 Benicàssim	Lara Croft Raider, 127 28007 Madrid	Benito Pope Ruíz Av. Vatican, 33 08080 Barcelona

E   Finalmente clique en **Finalizar y combinar**, eligiendo **Editar documentos individuales** para todos los registros. Con ello se creará automáticamente otro <u>documento</u> (**Etiquetas1**) con etiquetas postales con los datos de los clientes.

Este documento podrá **imprimirlo**, **guardarlo** con el nombre que queramos, o bien, **descartarlo** si encuentra errores en los datos.

F   En la combinación con **sobres** y con el **directorio** el proceso es muy parecido a la combinación de cartas, visto en el tema anterior **[Correspondencia > Iniciar combinación de correspondencia > Sobres / Directorio]**.

En el caso de los **sobres** habrá que elegir su **tamaño** y la forma de **colocación** de los sobres en la impresora, que variará según la marca y modelo de impresora que tengamos instalada.

En la mitad inferior central del documento se insertan los datos y, también, se pueden escribir los del remitente en la parte superior izquierda.

En cuanto al **directorio**, simplemente, se creará un listado de los registros de la tabla según coloquemos los campos en el documento.

G   Realice una combinación de sobres y/o directorio, con las opciones que prefiera.

▶ MÓDULO 5

TEMAS

▌5.1   Plantillas: crear documentos basados en plantillas incluidas

Una **plantilla** es un documento especial con unas características y un contenido predefinido (márgenes, tamaño, fuentes, encabezado/pie, texto, …) que, como si fuera un molde, sirve para crear documentos iguales, sin tener que configurarlos cada vez.

Una vez creado un documento a partir de una plantilla se puede modificar para adaptarlo a nuestras necesidades.

PRÁCTICA

A   Cree un **documento** basado en la plantilla **Currículum intermedio** desde **Archivo > Nuevo > Plantillas de ejemplo**.

B   Cambie el nombre que aparece en el currículum, agregue o modifique algunos datos y, si quiere cambie la imagen.

C   **Guarde** el documento en su carpeta con el nombre de **CV creado con plantilla**.

D   Cree un **documento** basado en la plantilla **Programa de eventos musicales** desde **Archivo > Nuevo > Plantillas de Office.com > Educación**.

Esta plantilla es un díptico que hay que doblar una vez impreso.

E   Modifique aquello que considere oportuno y **guarde** el documento en su carpeta con el nombre de **Díptico creado con plantilla**.

5.2   Plantillas: crear plantillas basadas en plantillas incluidas

Aquí aprenderemos a crear **plantillas personalizadas** a partir de las existentes en el programa y, así, aprovechar su configuración y/o contenido.

La extensión de las plantillas de *Word* es **.dotx**.

PRÁCTICA

A   Cree una **plantilla** basada en la plantilla **Informe esencial** desde **Archivo > Nuevo > Plantillas de ejemplo** seleccionando **Plantilla** antes de crear.

B   Elimine la imagen inicial (clique en su borde) y **guarde** la plantilla con el nombre de **Artículos Revista Viajes.dotx** en la carpeta que le propone *Word*, **Plantillas**.

Si el programa no le lleva a dicha carpeta, hágalo manualmente accediendo al panel de navegación (a la izquierda del cuadro de diálogo **Guardar como**) y desplegando el elemento inicial, **Microsoft Word:**

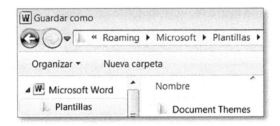

NOTA: La ruta completa de las plantillas en Windows 7, suponiendo que Office se haya instalado en el disco C:, es **C:\Users***Nombre de Usuario***\AppData\Roaming\Microsoft\Plantillas**

C   Cierre la plantilla y acceda a **Archivo > Nuevo > Mis plantillas** para comprobar que se muestra en la lista.

D   Ahora, seleccione la plantilla anterior y cree **dos documentos** basados en ella.

   1   En el primero inserte la imagen **Lobo gris – Yellowstone.jpg** (en **Archivos Word 2010**)

       Cambie el título a **Yellowstone: el retorno del lobo**.

       Guarde el documento como **Artículo Yellowstone**.

   2   En el segundo inserte la imagen **Tiburón blanco - Sudáfrica.jpg** (en **Archivos Word 2010**)

       Cambie el título a **Sudáfrica: nadando con el gran blanco**.

       Guarde el documento como **Artículo Sudáfrica**.

YELLOWSTONE: EL RETORNO DEL LOBO

[ESCRIBA EL SUBTÍTULO DEL DOCUMENTO]

SUDAFRICA: NADANDO CON EL GRAN BLANCO

[ESCRIBA EL SUBTÍTULO DEL DOCUMENTO]

NOTA: Para **modificar** una plantilla de **Mis plantillas**, acceda a **Archivo > Nuevo > Mis plantillas** y en el cuadro de diálogo clique con el botón derecho del ratón sobre la plantilla. Elija **Abrir**, haga los cambios que desee y guárdela con el mismo nombre. A la pregunta si desea reemplazar la plantilla existente, clique en **Sí**.

Para **cambiar el nombre** a la plantilla, en el cuadro de diálogo de **Mis Plantillas** clique con el botón derecho del ratón sobre la plantilla y elija **Propiedades**. Escriba el nuevo nombre en la primera casilla de la **ficha General**.

Para **eliminar** una plantilla clique con el botón derecho del ratón sobre la plantilla en el cuadro de diálogo de **Mis Plantillas** y elija **Eliminar**.

▍5.3   Plantillas: crear y gestionar plantillas propias

Con las **plantillas propias** podremos crear rápidamente documentos que se ajusten a nuestros intereses particulares.

Mientras que las plantillas que nos ofrece el programa o la web de *Office* pueden sernos útiles en trabajos personales, en el área profesional o empresarial es más que recomendable crear plantillas propias donde incluir logotipos, firmas y otras particularidades de cada empresa.

PRÁCTICA

A   Cree un documento similar al mostrado abajo (margen superior: 4 cm, margen encabezado: 1,5 cm).

   El logotipo (WordArt) y los datos de la empresa están en el **encabezado**.

ElecTonica.com

Avda. Condensadores, 101
08080 BARCELONA
☎ 914 896 112
info@electonica.com

Estimado Sr./Sra.:

Nos alegra comunicarle que en el **sorteo de abril** le ha correspondido el siguiente **premio**:

En el plazo de 7 días recibirá en su domicilio el citado regalo. Para cualquier consulta o cambio de dirección puede llamar a nuestra oficina (**914 896 112**), escribirnos un correo a **info@electonica.com** o usar el formulario en nuestro sitio Web **www.electonica.com**

Cordialmente,

Antonia Staño
DPTO. COMERCIAL
cial@electonica.com

B Cree una carpeta con el nombre de **Plantillas de Word personales**.

Guarde el documento como **Plantilla de Word (*.dotx)** en esa carpeta con el nombre de **Ganadores sorteo** y ciérrelo.

C Para crear un documento basado en la plantilla, localícela en la carpeta donde la ha guardado y haga **doble clic** sobre ella (o **menú contextual > Nuevo**).

Use esta plantilla para escribir **tres cartas** a los ganadores del concurso.

> 1er premio: Susan Hita, una Tablet
>
> 2do premio: Gerónimo Gepeese, un Smartphone
>
> 3er premio: Verónica Vila, un Smartwatch

NOTA: Las plantillas guardadas en una carpeta propia <u>no aparecen</u> en el cuadro de diálogo **Mis plantillas**. Para **abrir** y **modificar** una plantilla, localícela en la carpeta y use el **menú contextual > Abrir**. Para **cambiar el nombre** o **eliminar** la plantilla, hágalo como con cualquier documento de *Word*.

5.4   Estilos de párrafo

Anteriormente hemos visto cómo aplicar **estilos de párrafo** utilizando los de la galería de estilos rápidos que proporciona *Word*. Ahora aprenderemos a modificar los existentes y a crear nuestros propios estilos.

Además de dar uniformidad a nuestros documentos, el uso de los estilos de párrafo les dará consistencia, ya que, al modificar un párrafo con un estilo aplicado, podemos actualizar automáticamente todos los párrafos del documento (u otros documentos) que tengan el mismo estilo.

PRÁCTICA

A   Abra el documento **Colecciones MBAC** (carpeta **Archivos Word 2010**), guárdelo en su carpeta y aplique los estilos siguientes al texto **[Inicio > Estilos]**:

- Título inicial: estilo **Título**

- Apartados (Introducción, Colección de...): estilo **Título 1**

- Sub-apartados (los que están dentro de cada colección): estilo **Título 2**

> **NOTA:** En **Inicio > Estilos > Cambiar estilos** tenemos opciones para cambiar el formato de todo el documento automáticamente. Compruebe qué cambios globales se pueden hacer y aplíquelos si lo desea, pero deshaga estas acciones al finalizar. Lo que nos interesa realmente es crear nuestros propios estilos a partir de los aplicados.

B   **Seleccionaremos** el primer párrafo del título inicial, *El Museu de Belles Arts de Castelló* y cambiaremos lo siguiente:

- Fuente: Britannic Bold 26

- Color rojo (Rojo, Énfasis 2)

- Alineación derecha

- Sin borde

Ahora, desde el menú **Estilos** clicaremos en el **botón Nuevo estilo** 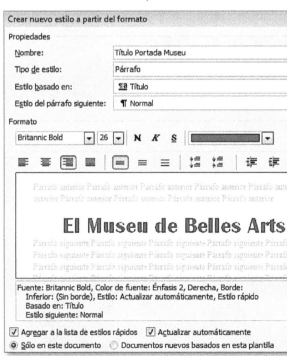 (abajo, a la izquierda del panel) y, configuraremos:

- Nombre: **Título Portada Museu**

- Estilo del párrafo siguiente: **Normal**

- Agregar a la lista de estilos rápidos

- Actualizar automáticamente (para que cada cambio en el párrafo actualice el estilo)

- Sólo en este documento (para que no aparezca en cada documento nuevo)

C **Aplicaremos** este nuevo estilo al segundo párrafo, *Las colecciones*, eligiéndolo en la lista de estilos rápidos.

D A continuación, crearemos estilos personalizados para los otros títulos de igual manera.

Seleccionaremos un párrafo con el estilo **Título 1** y cambiaremos su fuente a Britannic Bold 18, normal, interlineado sencillo, espaciado anterior 0 pto, espaciado posterior 12 pto.

Introducción a las colecciones

En el cuadro de diálogo de menú **Estilos > Crear nuevo estilo** le daremos el nombre de **Título Museu 1** y el resto de opciones como el estilo creado antes.

Seleccionaremos un párrafo con el estilo **Título 2** y cambiaremos su fuente a Britannic Bold 14, normal, interlineado sencillo, espaciado anterior 0 pto, espaciado posterior 10 pto. Le daremos el nombre de **Título Museu 2** y el resto de opciones como el anterior.

Prehistoria

E Por último, **aplicaremos** los nuevos estilos personalizados a los apartados y sub-apartados del documento.

NOTA: Para **modificar, eliminar** y obtener más opciones de gestión de estilos podemos acudir a menú **Estilos** para activar el panel y dentro de él clicar en el botón **Administrar estilos**, en la parte inferior del panel

5.5   Tablas de contenido

Las **tablas de contenido** son índices del contenido del documento que se generan automáticamente.

Si hemos aplicado estilos de párrafo, desde **Referencias > Tabla de contenido** será muy sencillo insertar una que muestre el título de cada capítulo, subcapítulo, etc. y su página correspondiente.

Tabla de
contenido ▾

La tabla de contenido se actualizará automáticamente al imprimir, no obstante, para mayor seguridad, es conveniente actualizarla manualmente al acabar de editar el documento.

PRÁCTICA

A   Abra el documento **Colecciones MBAC** que configuró en el ejercicio anterior y coloque el cursor en la página 2, bajo el párrafo con el texto *Tabla de contenido*.

B   Active **Referencias > Tabla de contenido > Insertar tabla de contenido** y elija el formato **Formal** para la tabla.

C   Clique en el **botón Opciones** y en el cuadro de diálogo compruebe que está seleccionada la opción de generar tabla de contenido a partir de estilos.

D   Configure el **nivel de TDC** para que el estilo **Título Museu 1** sea el número 1 y el estilo **Título Museu 2** sea el número 2: escriba sendos números en las casillas correspondientes.

Asegúrese de que solo esos dos estilos aparecen con el número de nivel (borre cualquier otro número si aparece).

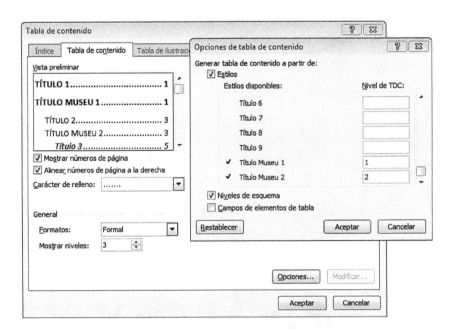

Al clicar en **Aceptar**, la tabla de contenido debería quedar como sigue:

Tabla de contenido

Después de añadir o suprimir páginas, deberemos actualizar la tabla con el **menú contextual > Actualizar campos**, eligiendo el tipo de actualización: solo los **números de página** o **toda la tabla**, para que compruebe el texto de los títulos incluidos en ella.

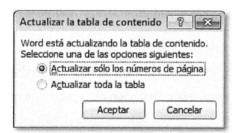

NOTA: Para hacer **cambios** en la tabla de contenido (formato, niveles a mostrar, nivel de TDC, etc.), clique dentro de la tabla y repita el proceso para insertarla.

Si quiere cambiar el formato de fuente o de párrafo del **primer nivel**, seleccione un párrafo cualquiera de ese nivel y realice el cambio. En el **resto de niveles**, deberá seleccionar todos los párrafos.

Si quiere numerar los niveles, puede hacerlo directamente en la tabla desde **Inicio > Numeración / Viñetas**. O bien, puede aplicar la numeración a los estilos de párrafo que aparecen en la tabla y, a continuación, **actualizarla** en **Referencias > Tabla de contenido > Actualizar tabla** o en **menú contextual > Actualizar campos**.

5.6   Secciones de documento

Anteriormente, al crear columnas estilo periódico, hemos visto como *Word* "enmarcaba" las columnas en una sección propia, pues la distribución del texto era distinta de la del resto del documento.

Las **secciones** son partes de un documento que pueden tener características diferenciadas por lo que respecta a la orientación de la página, los márgenes, el encabezado y el pie de página, etc.

Se crean insertando saltos de sección en **Diseño de página > Configurar página > Saltos > Saltos de sección**.

Existen varios tipos de saltos de sección para establecer dónde empezará esta: **continua** (como las columnas estilo periódico), **página siguiente**, **página par** y **página impar**.

Por tanto, lo que escribamos a partir del salto de sección comenzará allí donde indique el tipo de salto.

Para ver en la barra de estado en qué sección se encuentra el cursor, active **Sección** en el menú contextual de la barra de estado.

Dado las diferencias entre una sección y la siguiente, hay que ser muy precavido/a en su manejo. Si borramos un salto de sección, todas las configuraciones de la sección de abajo se copiarán a la de arriba.

En la práctica siguiente comprobaremos su funcionamiento.

PRÁCTICA

A   Cree un documento y guárdelo con el nombre de **Documento con secciones.docx**.

Escriba: "Esta es la sección 1. Página con orientación vertical. Márgenes predeterminados" y pulse **Entrar** varias veces.

B   En un párrafo debajo del texto escrito inserte un salto de sección de **página siguiente**.

Con el cursor debajo del salto, configure la **orientación** de la página en **horizontal**.

Escriba: "Esta es la sección 2. Página con orientación horizontal. Márgenes predeterminados"

C   Ahora, inserte otro salto de sección de **página siguiente**, cambie la orientación a vertical y establezca unos márgenes anchos.

Escriba: "Esta es la sección 3. Página con orientación vertical. Márgenes anchos".

D   Active las **marcas de formato** ocultas para ver los saltos insertados.

¶...Salto de sección (Página siguiente) ....

E Cree ahora otra sección, pero con otro procedimiento.

Pulse **Entrar** varias veces en la última página, que también es la última sección, y en un párrafo, escriba: "Esta es la sección 4, de página impar, creada seleccionando texto. Página con orientación vertical. Márgenes anchos".

Seleccione ese párrafo e inserte un salto de sección de **página impar** con el procedimiento habitual.

El número de página debería ser el 5 ya que hemos indicado que empiece en página impar.

F El documento contiene 5 páginas, pero la página 4 no la verá la vista **Diseño de impresión**. Cambie a la **Vista previa de impresión** para ver todas las páginas.

G Seleccione y **elimine** el **primer salto** de sección para comprobar cómo afecta esta acción a la primera página, que recogerá las características de la segunda.

Deshaga la acción y guarde el documento.

5.7   Configurar páginas de documentos complejos

Informes, tesis, manuales, libros de referencia, ensayos, … En estos tipos de trabajos y en otros similares esperamos encontrar una estructura coherente a lo largo de sus páginas: una(s) primera(s) página(s) sin numerar, encabezados y pies distintos en páginas pares e impares, capítulos iniciados en página impar, encuadernación correcta, etc.

En este tema aprenderemos a **configurar las páginas** de este tipo de **documentos complejos** utilizando el documento **Colecciones MBAC**, al cual daremos un aspecto más profesional, de libro impreso.

PRÁCTICA

A   En **Diseño de página > menú Configurar página > Márgenes** cambiaremos la opción **Varias páginas** a **Márgenes simétricos**. Notaremos que el margen izquierdo es ahora el **interior** y el derecho es el **exterior**.

Con ello conseguiremos un aspecto de tipo libro cuando luego insertemos el número de página en el exterior, es decir, en las páginas impares estará a la derecha y en las páginas pares, a la izquierda.

En esta misma ficha estableceremos una **encuadernación** de 0,4 cm para evitar que pueda escribirse texto o colocar una imagen en la zona destinada a la encuadernación.

B   Los apartados principales del documento (Tabla de contenido, Introducción, Colecciones) deberían iniciarse siempre en página impar.

Para asegurarnos de ello, insertaremos un **salto de sección de página impar** antes del título de estos capítulos **[Diseño de página > Configurar página > Saltos > Salto de sección > Página impar]**, suprimiendo, previamente los saltos de página manuales.

Deberíamos mostrar las marcas de formato ocultas para poder ver los saltos de página y de sección.

¶ ....Salto de sección (Página impar) ....¶

Ahora tendremos el documento dividido en **7 secciones**: la primera con la portada, la segunda con la tabla de contenido, la tercera con la introducción y las cuatro siguientes con cada una de las colecciones.

A fin de ver en qué sección nos encontramos, con el menú contextual de la barra de estado, activaremos, si no lo está, **Sección**.

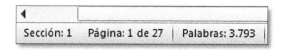

Al pasar a la **Vista previa de impresión** veremos las páginas en blanco que ha incluido *Word* automáticamente.

C   Como no queremos que aparezcan el encabezado y el pie de página en la portada, configuraremos el documento, o mejor dicho, la primera sección del documento, para que la **primera página** sea diferente del resto.

Para ello <u>colocaremos el cursor en la primera página</u> y en **Diseño de página > menú Configurar página > Diseño** marcaremos la opción pertinente, asegurándonos que lo aplicamos a la sección, no a todo del documento, **Aplicar a: Esta sección**.

D   Tras aceptar el cambio anterior volveremos a **Diseño de página > menú Configurar página > Diseño** para establecer que los encabezados y pies de las **páginas pares e impares** sean diferentes, pero esta vez lo aplicaremos a todo el documento, para no tener que repetirlo sección a sección, **Aplicar a: Todo el documento**.

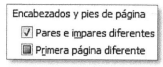

E   Al salir del cuadro de diálogo, tendremos configurar los encabezados y pies de las páginas pares y de las impares.

Nos colocaremos en la <u>primera página impar</u>, la número **3**, y modificaremos el encabezado (si fuera necesario) y el pie de las **páginas impares** de la siguiente manera:

   Encabezado: texto alineado a la izquierda

   Pie: número de página alineado a la derecha

A continuación, en la <u>primera página par</u>, la número **6**, modificaremos las **páginas pares**.

   Encabezado: texto alineado a la derecha

   Pie: número de página alineado a la izquierda

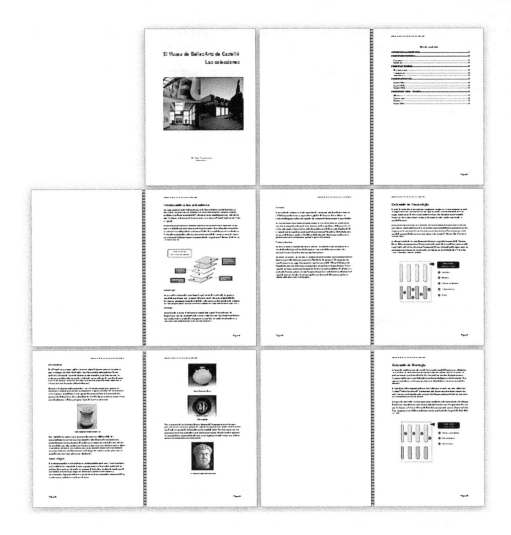

NOTA: De forma predeterminada, los encabezados y pies de página de cada sección están **vinculados** a los de la sección anterior, es decir, tienen el mismo contenido. Podemos desvincularlos y establecer otros distintos desde **Herramientas para encabezado y pie de página > Diseño > Navegación > Vincular al anterior**.

Si tenemos problemas al eliminar un salto de sección para cambiarlo por otro de tipo distinto, nos colocaremos en la sección tras el salto problemático y en el menú **Configurar página > Diseño** elegiremos el tipo de salto deseado en **Empezar sección** y lo aplicaremos a **Esta sección**.

Empezar sección: Página impar   ▼   Aplicar a: Esta sección   ▼

5.8   Referencias en documentos: tabla de ilustraciones e índice

Las tablas de contenido, que ya hemos estudiado, son un elemento imprescindible en documentos con muchas páginas o apartados, pero existen otras opciones de referencia que veremos en este tema.

La **tabla de ilustraciones** indicará las páginas en que se encuentran las imágenes o tablas que incluyamos. Deberemos asignar un título a cada imagen o tabla para que pueda ser incluida.

El **índice** mostrará las palabras más relevantes de nuestro documento junto a la página en que aparecen. Tendremos que seleccionar las palabras que queremos que aparezcan en el índice.

Ambos elementos los insertamos desde la ficha **Referencias**.

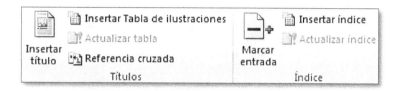

PRÁCTICA

A   Crearemos una **tabla de ilustraciones** que muestre el título de las imágenes de las piezas de las colecciones y la página donde se encuentran.

Para aprender el proceso, nos centraremos en la colección de arqueología. Comenzaremos cortando el texto del párrafo con la información sobre la primera imagen, ya que lo usaremos como título de la ilustración.

Vaso campaniforme, Calcolítico

A continuación, seleccionaremos la imagen y accederemos a **Referencias > Títulos > Insertar título**.

En la casilla **Título** pegaremos el texto que hemos cortado detrás del que aparece predeterminado:

Ilustración 1 - Vaso campaniforme, Calcolítico.

Clicaremos en **Aceptar**, dejando el resto de opciones como nos propone el programa (Ilustración como rótulo y la posición, debajo de la imagen seleccionada).

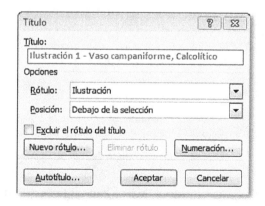

B   Repetiremos el proceso con las otras tres imágenes de la colección de arqueología: la urna, el kylix, y el retrato.

C   Generaremos la tabla de ilustraciones al **final del documento**. Nos desplazaremos allí y en **Referencias > Títulos > Insertar Tabla de ilustraciones** clicaremos en **Aceptar** para insertarla con las opciones predeterminadas (sangría, columnas, estilo, …).

Deberíamos, asimismo, insertar un **salto de sección de página impar** antes y otro después de la tabla de ilustraciones para mantener el estilo del documento **[Diseño de página > Configurar página > Saltos > Salto de sección > Página impar]**.

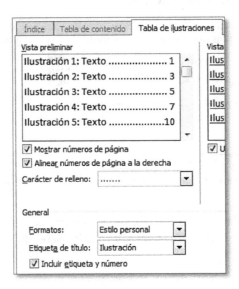

Tabla de ilustraciones

D   Amplíe la tabla, si lo desea, añadiendo más ilustraciones y **actualice** toda la tabla de ilustraciones **[Referencias > Títulos > Actualizar tabla]**.

> **NOTA:** Para **eliminar** un título de la tabla, borre el texto bajo la imagen y actualice la tabla **[Referencias > Títulos > Actualizar tabla]**. Para cambiarlo, modifique el texto bajo la imagen y actualice.
>
> Para cambiar el formato de fuente o párrafo de la tabla, puede hacerlo como en un texto normal.
>
> Para hacer **cambios** en la tabla en sí (alineación, relleno, formato, etiqueta, etc.), clique dentro de la tabla y vuelva a **Referencias > Títulos > Insertar Tabla de ilustraciones**.

E   Ahora, crearemos un **índice** en el documento **Colecciones MBAC**. Vamos a incluir los nombres de algunos pintores: *Joan de Joanes, José de Ribera, Gabriel Puig Roda* y *Vicente Castell*.

Buscaremos *Joan de Joanes* en la página 6 y seleccionaremos las tres palabras. Las incluiremos como entrada del índice desde **Referencias > Índice > Marcar entrada**.

Cambiaremos el **texto de la entrada** para que aparezca primero el apellido seguido de coma (*Joanes, Joan de*) ya que el índice se ordena alfabéticamente.

Comprobaremos que en el cuadro de diálogo aparece seleccionada **Página actual** en las opciones y clicaremos en **Marcar todas** para evitarnos marcar una a una todas las apariciones de las palabras.

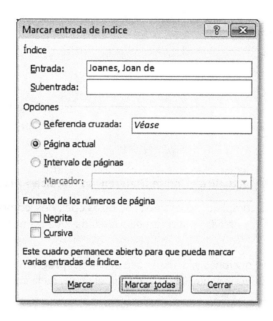

Al mostrar las **marcas ocultas** veremos el **campo XE** de entrada de índice insertado.

Joan·de·Joanes{·XE·"Joanes,·Joan·de"·}

Cerraremos el cuadro de diálogo para acabar la inclusión.

F   Repetiremos el proceso con los otros tres pintores, cambiando el texto de la entrada:

Ribera, José de   -   *Puig Roda, Gabriel*   -   *Castell, Vicente*.

G   Finalmente, generaremos el índice a continuación de la tabla de ilustraciones, tras el salto de sección.

Acudiremos a **Referencias > Índice > Insertar índice** y clicaremos en **Aceptar** para insertarlo con las opciones predeterminadas (sangría, columnas, estilo, ...).

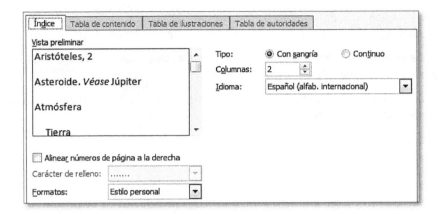

Índice

Castell, Vicente, 6, 27

Joanes, Joan de, 6, 23

Puig Roda, Gabriel, 6, 26

Ribera, José de, 6, 24

H   Incluya más términos si lo desea y **actualice** el índice **[Referencias > Índice > Actualizar índice]**.

Si necesitamos crear índices más complejos, contamos con otras opciones, como la **subentrada**, que mostrará el texto que escribamos debajo de la entrada; y la **referencia cruzada**, que remitirá la entrada a otra más general que nos parezca pertinente.

Podemos experimentar con estas opciones y/o acudir a la ayuda del programa donde encontraremos información detallada buscando "índices" y seleccionando **Todo Word** en el menú de la casilla **Buscar**.

> **NOTA:** Para **eliminar** una entrada del índice, borre el **campo XE** asociado en el texto del documento, incluyendo las llaves **{ }** y actualice el índice **[Referencias > Índice > Actualizar índice]**.
>
> Para cambiar el formato de fuente o párrafo del índice, hágalo como en un texto normal. La fuente de las entradas y subentradas puede cambiarse en el momento de marcarlas si seleccionamos el texto escrito y clicamos en él con el botón derecho.
>
> Para hacer **cambios** en el índice en sí (formato, columnas, sangría, etc.), clique dentro del índice y vuelva a **Referencias > Índice > Insertar índice**.

5.9   Marcadores, hipervínculos y referencias cruzadas

Los **marcadores** son una especie de marcapáginas electrónicos que nos permiten dirigirnos a los lugares concretos del documento donde los hemos insertado.

Con los **hipervínculos** nos desplazamos a un marcador concreto, abrimos un documento o cargamos una página web en el navegador predeterminado al clicar sobre ellos.

La última opción que trabajamos en este tema son las **referencias cruzadas**, las cuales nos remiten a un marcador, una nota al final o una ilustración, entre otros elementos. El número de página, si la hemos incluido en la referencia cruzada, se actualiza automáticamente con cada cambio que se produzca en el documento.

PRÁCTICA

A   En el documento **Prácticas de Word 2.docx** insertaremos **dos marcadores**, uno antes del texto *Receta de tortilla de patatas* (módulo 3) y otro antes del texto inicial de *El Quijote* (módulo 4).

Con el cursor delante del primer texto mencionado, accederemos a **Insertar > Vínculos > Marcador**, le daremos el nombre de **Receta** y clicaremos en **Agregar**.

Repetiremos la operación en el segundo texto, dando el nombre de **Quijote** al marcador.

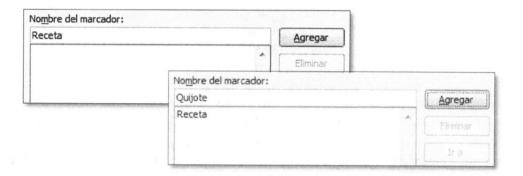

Al volver al cuadro de diálogo de marcador y seleccionar uno de la lista, tendremos la opción de **Ir a** la posición de ese marcador o de **eliminarlo** si no nos interesa.

B   Insertaremos ahora un **hipervínculo** al inicio del documento que nos dirija al marcador **Quijote**.

Escribiremos **Vínculo al marcador Quijote,** seleccionaremos lo escrito y accederemos a **Insertar > Vínculos > Hipervínculo**, donde veremos la casilla **Texto** con el que hemos seleccionado.

En la columna **Vincular a** clicaremos en **Lugar en este documento** y seleccionaremos el marcador correspondiente antes de aceptar.

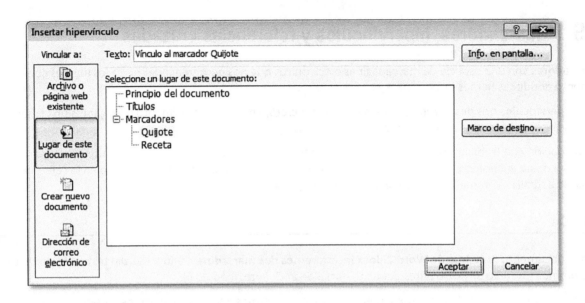

El texto que hemos seleccionado está ahora subrayado y es de color azul, ya que se ha convertido en un vínculo: <u>Vínculo al marcador Quijote</u>. Al hacer **Ctrl+clic** sobre él, nos llevará a la posición del marcador.

NOTA: Si el vínculo es a un archivo que contiene marcadores, tenemos la opción de abrirlo y desplazarnos a un marcador determinado si en el cuadro de diálogo clicamos en **Marcador** una vez hemos seleccionado el archivo.

C A continuación, insertaremos dos hipervínculos más: uno que abra el documento **Prácticas de Word 1.docx** y otro que abra la página web del libro **http://rafaroca.net/libros/word2010**.

En el primer caso, en la columna **Vincular a** clicaremos en **Archivo o página web existente** y buscaremos el archivo mediante **Buscar en > Bibliotecas > Bibliotecas/Documentos** (si es ahí donde lo tenemos guardado), o bien, con el botón **Buscar archivo**.

Clicaremos sobre el archivo y cambiaremos el texto a *Abrir documento Prácticas de Word 1*. Una vez, insertado comprobaremos su funcionamiento haciendo **Ctrl+clic**.

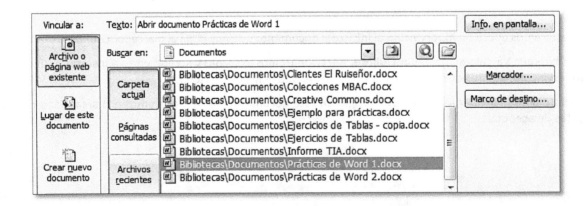

D   El hipervínculo a una **página web** se puede insertar simplemente escribiendo en el documento una dirección que comience por **http://** o por **www**, puesto que *Word* tiene esta opción activada de forma predeterminada.

También reconocerá una dirección de correo electrónico (p. ej., formacion@rafaroca.net) y abrirá el programa de correo que tengamos instalado para enviar un mensaje.

Pero, si queremos mostrar otro texto, tendremos que cambiarlo una vez reconozca el programa el vínculo, o acudir al cuadro de diálogo, como antes.

Escriba *Página web de Word 2010 Práctico*, seleccione ese texto y en **Insertar > Vínculo > Hipervínculo > Archivo o página web existente** escriba la dirección **http://rafaroca.net/libros/word2010** en la casilla **Dirección**.

> NOTA: Para **eliminar** un hipervínculo o **modificar su dirección** podemos clicar en él con el botón derecho o volver a **Insertar > Vínculo > Hipervínculo** con el cursor dentro del texto del vínculo. Para **cambiar el texto** de un vínculo, lo haremos directamente en el documento o acudiremos al cuadro de diálogo.

E   Veremos, por último, cómo insertar **referencias cruzadas**. Para ello, escribiremos los párrafos siguientes:

> Sin duda, uno de los platos más populares de la gastronomía española es la tortilla de patatas, que los angloparlantes denominan, *Spanish omelette* (Ver receta en pág.).

> Menciones a la gastronomía tradicional de Castilla-La Mancha las encontramos en *El ingenioso hidalgo Don Quijote de la Mancha* (*Véase pág.*) donde, por ejemplo, nos enteramos de que el valeroso caballero degustaba *duelos y quebrantos* (*Véase pág.*).

Con el cursor detrás de "Ver receta en pág." activaremos **Insertar > Vínculo > Referencia cruzada**. En el cuadro de diálogo elegiremos:

Tipo: **Marcador**

Referencia a: **Número de página**.

Seleccionaremos el marcador **Receta** y, tras clicar en **Insertar**, aparecerá el número de la página donde insertamos el marcador.

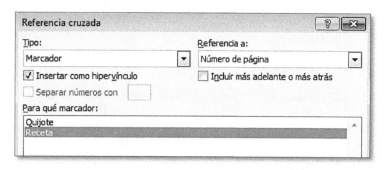

Aunque insertamos la referencia cruzada como hipervínculo, no la veremos subrayada y de color azul, porque lo que nos pone *Word* es un campo. No obstante, seguirá funcionando la opción de **Ctrl+clic**.

F   Repetiremos el proceso tras los textos "*Véase pág.*" del segundo párrafo.

La primera referencia cruzada en ese párrafo será de tipo **Marcador**, mientras que la segunda referencia cruzada será de tipo **Nota al pie**, ambas con referencia a **Número de página**.

5.10   Cinta de opciones: crear ficha propia

Al crear una **ficha propia en la cinta** y agregar los botones que más nos interesen agilizaremos nuestro trabajo, pues tendremos en un mismo sitio aquellos comandos que utilicemos más habitualmente.

PRÁCTICA

A   Acceda a **Archivo > Opciones > Personalizar la cinta de opciones** (o menú contextual de la cinta) y en el panel de la derecha clique en **Nueva ficha**. Dele su nombre propio clicando en **Cambiar nombre**.

B   **Despliegue** el contenido de su ficha personalizada, seleccione **Nuevo grupo (personalizada)** y dele el nombre de **Mis botones**.

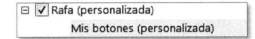

C   Con el grupo **Mis botones** seleccionado busque en el panel de la izquierda, dentro de **Comandos más utilizados**, el comando **Guardar como**. Selecciónelo y pulse **Agregar >>**.

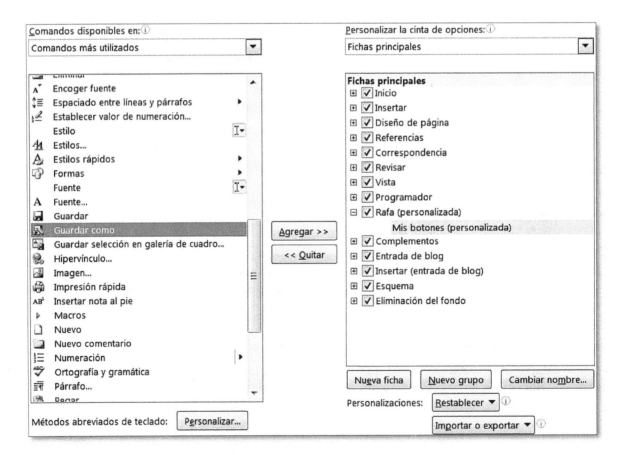

D Repita la acción con el comando **Configurar página**. Al acabar, clique en **Aceptar**.

E Añada, ahora, un nuevo grupo a su ficha con el nombre de **Mis macros**. Agregaremos botones de macro a este grupo en la práctica del tema siguiente.

> **NOTA:** Para **quitar** comandos, grupos o fichas de la cinta de opciones use el botón **<< Quitar** o el menú contextual.
>
> También puede **ordenar** las fichas y grupos según sus preferencias con los botones **Subir / Bajar** (o arrastrar) y desactivar la **visualización** de las fichas desmarcando la casilla asociada.
>
> Para dejar la cinta con las opciones predeterminadas clique en **Restablecer**.
>
> Desde el cuadro de diálogo **Personalizar la cinta de opciones también** puede asignar o modificar las combinaciones de teclas que activan los comandos, es decir, puede **personalizar** los **métodos abreviados de teclado**.

5.11   Macros

Una **macro** o macroinstrucción es una secuencia de acciones que se llevan a cabo automáticamente. Al grabar esta secuencia de acciones repetitivas en una macro, evitaremos tener que hacerlas nosotros mismos una y otra vez, ya que las ejecutará la macroinstrucción.

Para grabar macros deberemos acudir a **Vista > Macros >** menú **Macros > Grabar macro**.

PRÁCTICA

A   Abra el documento **Ejemplo para prácticas.docx** y grabe una **macro** que cambie el formato de fuente de un párrafo automáticamente. Siga los pasos siguientes.

B   Coloque el cursor justo al **inicio del párrafo** que contiene la información de la primera imagen:

Nakht y su esposa Tawy (TT52). Dinastía XVIII. Foto: Susana Alegre García.

C   En **Vista > Macros >** menú **Macros** clique en **Grabar macro**. Dele el nombre de **Pie_imagen** (sin espacios) y guarde la macro en el documento **Ejemplo para prácticas.docx**.

NOTA: En este ejemplo, restringimos la macro a un documento, pero si quisiéramos disponer de una macro en todos los documentos de *Word,* deberíamos guardarla en **Todos los documentos (Normal.dotm)**.

D   Pulse **Aceptar** para comenzar la grabación de acciones en la macro.

El puntero tendrá la imagen de una casete asociada para indicarnos que todas las acciones que hagamos a partir de ahora serán grabadas en la macro.

E   Seleccione el párrafo mediante el teclado pulsando la combinación **Mayús+Ctrl+↓** (flecha abajo), ya que la selección con el ratón no la recoge la macro.

Luego, desde **Inicio >** menú **Fuente** cambie el **formato** de **fuente**: tamaño 9 pto, negrita, color azul. No cambie el formato con los botones de la ficha, que tampoco se graban en la macroinstrucción.

F   Vuelva a **Vista > Macros >** menú **Macros** y clique en **Detener grabación**.

G   Compruebe que la macro funciona correctamente: desplácese al **inicio del párrafo** que contiene la información de la siguiente imagen del documento, pulse el botón **Macros**, seleccione la macro **Pie_imagen** y **ejecútela**.

Si la macro no funciona como debiera, selecciónela en la lista, **elimínela** y vuelva a grabarla.

H   Para tener la macro más a mano, vamos a asignarle un botón en nuestra ficha personalizada desde el cuadro de diálogo de **Personalizar la cinta de opciones**.

Accederemos a **Comandos disponibles en: Macros** y agregaremos el botón a nuestro grupo **Mis macros**.

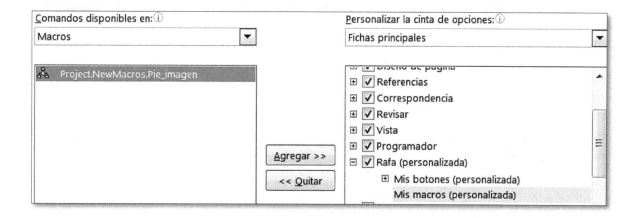

I **Cambiaremos el nombre** del botón por el nombre que dimos a la macro y, si queremos, asignaremos una imagen de botón distinta de la predeterminada.

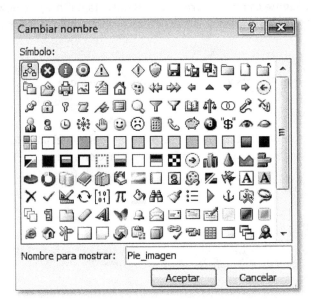

J Finalmente, ejecutaremos la macro mediante el botón que tendremos en el grupo **Mis macros** para cambiar el texto de la tercera imagen, al final del documento.

K Al guardar el documento deberemos usar la opción de **Guardar como** y elegir el tipo **Documento habilitado con macros de Word (*.docm)**.

5.12   Protección del documento: edición, apertura, marca de agua

Los documentos pueden **protegerse** para que no puedan **modificarse** o **abrirse** si no se dispone de la contraseña que hayamos establecido.

Otra forma de protección es imprimir una **marca de agua** en las páginas del documento, de manera que se muestre debajo del texto el logotipo de la empresa o un mensaje de advertencia.

PRÁCTICA

A   Abra el documento **Informe TIA.docx** que creó anteriormente (o abra ese archivo en **Archivos Word 2010**) y desde la **ficha Revisar**, proteja su contenido.

B   En el grupo **Proteger** clicaremos en **Restringir edición** y en el panel **Restringir formato y edición** seleccionaremos la casilla del **punto 2**, eligiendo **Sin cambios (sólo lectura)**.

2. Restricciones de edición

☑ Permitir sólo este tipo de edición en el documento:

Sin cambios (sólo lectura) ▼

Excepciones (opcional)

Seleccione partes del documento y elija los usuarios que pueden modificarlas libremente.
Grupos:

☐ Todos

🐷 Más usuarios…

3. Comenzar a aplicar

¿Desea aplicar esta configuración? (más adelante)

Sí, aplicar la protección

Bloquear Restringir
autores edición
Proteger

Comenzar a aplicar protección

Método de protección
◉ Contraseña
(El documento no está cifrado. Los usuarios malintencionados pueden editar el archivo y quitar la contraseña.)

Escriba la nueva contraseña (opcional):

Vuelva a escribir la contraseña para confirmar:

◯ Autenticación de usuario
(Los usuarios autenticados pueden quitar la protección del documento, que está cifrado y tiene habilitada la opción Acceso restringido.)

Aceptar   Cancelar

C   Al **aplicar la protección** escribiremos una contraseña, en este caso de ejemplo, una fácil de recordar.

Desproteger documento
Contraseña:

Aceptar   Cancelar

D   Para poder hacer cambios habrá que **suspender la protección** desde el panel **Restringir formato y edición** volviendo a escribir la contraseña.

E   Ahora evitaremos que se abra el documento mediante una contraseña. Accederemos a **Archivo > Información > Proteger documento > Cifrar con contraseña**, escribiremos una contraseña y guardaremos el documento.

Al volver a abrirlo, nos pedirá la contraseña.

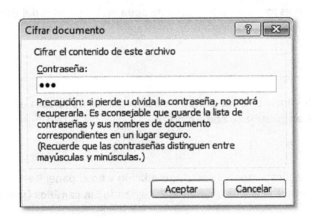

F   Para quitar la protección contra apertura, volveremos al mismo menú y la **borraremos**.

No está de más recordar que es esencial memorizar o apuntar en sitio seguro las contraseñas, ya que, de olvidarlas, no se podrá modificar o abrir el documento.

G   Si lo que nos interesa es aparezca una marca de agua en todas las páginas lo conseguiremos desde **Diseño de página > Fondo de página > Marca de agua**.

Vamos a colocar una en diagonal que diga CONFIDENCIAL.

Para quitar la marca de agua acudiremos a la misma opción, donde también podremos personalizar la marca desde **Marcas de agua personalizadas**.

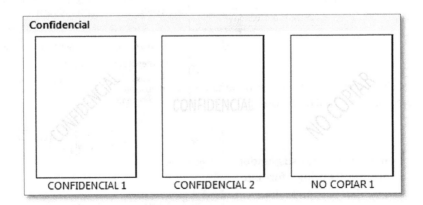

5.13 Revisión y control de cambios

Cuando varios autores trabajan en un mismo archivo de *Word*, normalmente, habrá un supervisor encargado de dirigir la edición de ese documento. Para llevar a cabo esta tarea, podrá comunicarse personalmente con los diversos autores o utilizar las herramientas de **revisión y control de cambios** que estudiaremos a continuación.

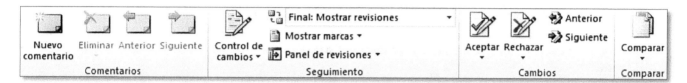

Con los **comentarios** damos valoraciones o indicaciones para corregir la parte del documento donde los insertamos.

Para ver y supervisar las modificaciones que se van haciendo en un documento, activaremos el **control de cambios**, cuyas herramientas nos mostrarán los revisores y los cambios realizados por ellos. Entonces, podremos decidir si aceptamos o rechazamos tales cambios.

La opción de **comparar** documentos nos mostrará el original junto al documento revisado, de manera que será posible revisar los cambios producidos.

PRÁCTICA

A Para trabajar en los procedimientos de revisión y control, crearemos una copia del documento **Informe TIA.docx** con el nombre de **Informe TIA - revisión.docx**.

En este documento activaremos el control de cambios en **Revisar > Seguimiento > Control de cambios** de modo que vaya supervisando todo lo que hagamos.

Si queremos ver y activar este control desde la **barra de estado**, del menú contextual de dicha barra elegiremos la opción **Control de cambios**.

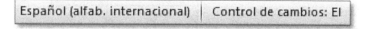

B Insertaremos un **comentario**. Seleccionaremos las palabras TOP SECRET del título y accederemos a **Revisar > Comentarios > Nuevo comentario**.

Escribiremos en el globo: *Este texto está en inglés. Habría que eliminarlo.*

C   Una vez insertado el comentario podemos **eliminarlo** desde el mismo grupo **Comentarios** clicando previamente en el texto de la página o en el globo. También nos permitirá desplazarnos al **anterior** o al **siguiente** comentario si hemos insertado varios.

D   Modificaremos ahora el texto del informe añadiendo palabras al principio (Como *todos ustedes* sabrán…), borrando la palabra "estimado" de la tercera línea y quitando el subrayado de "cambios previstos".

Comprobaremos que aparece **subrayado** y en color rojo el texto añadido, mientras que aparece **tachado** el texto borrado y el cambio de formato se muestra en un **globo**, a la derecha. A cada usuario se le asigna un color distinto.

> Como todos ustedes sabrán, el **presupuesto de la T.I.A.** de este año prevé algunos recortes en los gastos de los agentes. Con todo, se alegrarán de saber que estos recortes no afectarán a su ~~estimado~~ superior. Paso a detallarles los cambios previstos: ·····(**Con formato:** Subrayado

E   Activaremos el **panel de revisiones [Revisar > Seguimiento > Panel de revisiones]** y veremos el resumen de los cambios realizados.

Si queremos comprobar la revisión por otros usuarios podemos guardar, cerrar y trasladar el documento a otro ordenador donde *Word* tenga asignado otro usuario y hacer cambios.

O bien, modificar provisionalmente nuestro nombre de usuario en **Revisar > Seguimiento > menú Control de cambios > Cambiar nombre de usuario**.

Para controlar la visualización de las marcas de revisión lo haremos en **Revisar > Seguimiento > Mostrar marcas**, o bien, en el menú **Mostrar para revisión**, encima de la opción anterior.

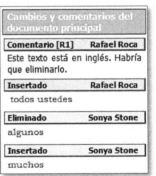

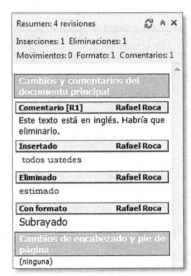

F   A la hora de **aceptar** o **rechazar** los cambios tenemos la opción de ir uno a uno **[Revisar > Cambios > Anterior / Siguiente > Aceptar / Rechazar]** o hacerlo para todos a la vez con el menú **Aceptar / Rechazar > Aceptar / Rechazar todos los cambios del documento**.

Aceptaremos todos los cambios, elegiremos **Final** en el menú **Mostrar para revisión** y guardaremos el archivo.

G   Por último, compararemos **Informe TIA.docx** (el documento original) con el que hemos modificado, **Informe TIA - revisión.docx**. Para ello en **Revisar > Comparar > Comparar > Documento original**, elegiremos de la lista o buscaremos el primero, y como **Documento revisado**, elegiremos o buscaremos el segundo.

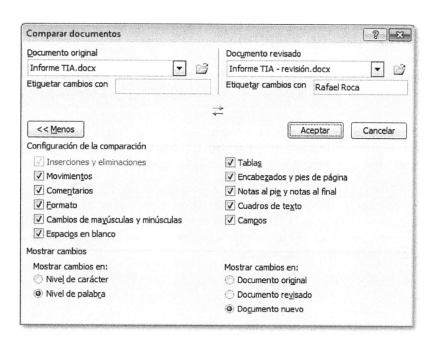

Al aceptar, veremos en la pantalla un documento nuevo que nos muestra **tres versiones** del documento, el **original**, el **revisado** y el **comparado** mostrando los cambios.

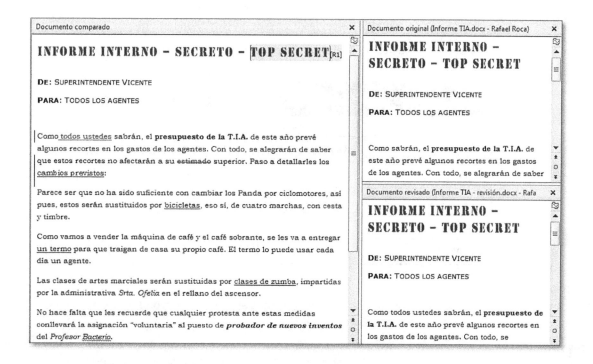

Una vez hayamos comparado los documentos, podemos guardar el documento comparado, que mantendrá las marcas de revisión, o, simplemente, no guardar el documento.

5.14 Importar contenido externo

En general, el procedimiento más rápido para insertar en un documento el contenido de otra aplicación (hoja de cálculo, datos, presentación, página web, etc.) será seleccionar el contenido en la aplicación de origen, copiarlo y pegarlo en el documento de *Word*.

Dependiendo de la estructura de los datos copiados, al pegarlos obtendremos una tabla (*Excel*, *Access*), una imagen (*PowerPoint*), un gráfico editable (*Excel*) o el texto que hayamos copiado. No obstante, tendremos a nuestra disposición otros formatos cuando usemos las opciones del **botón Pegar** y el **Pegado especial**.

Si nos interesa modificar el contenido proveniente de *Excel* o *PowerPoint* en el propio documento con las herramientas de la aplicación de origen, acudiremos a **Insertar > Objeto**. Al usar este procedimiento y hacer doble clic sobre la copia de la hoja de cálculo o de la presentación de diapositivas aparecerá en *Word* la cinta de opciones de la aplicación correspondiente.

Para llevar a cabo estas operaciones deberemos tener instalados en el ordenador los programas mencionados.

PRÁCTICA

A Las prácticas de este tema las realizaremos en un documento nuevo que guardaremos con el nombre de **Importar contenido externo.docx**. Los archivos de los que importaremos su contenido los encontraremos en la carpeta **Archivos Word 2010**. Comenzaremos con el procedimiento de copiar y pegar.

Abra el libro de *Excel* **Contenido Excel.xlsx** y **seleccione** las celdas con contenido de la **Hoja 1** arrastrando el **puntero de la cruz blanca** ⊹ por encima de las celdas. Cópielas, vuelva al documento de *Word* y péguelas.

El resultado debería ser una tabla que conserva los formatos aplicados en la hoja de cálculo:

PORCENTAJE EMPLEADOS EJERCICIO ACTUAL		
	Empleados	Porcentaje
Fijos	3.500	*27%*
Interinos	7.893	*60%*
Eventuales	1.724	*13%*
TOTAL	*13.117*	*100%*

Para obtener otros formatos, a la hora de pegar desplegaremos el **menú** del **botón Pegar** y elegiremos una opción de pegado distinta, o bien, acudiremos al **Pegado especial**.

Tenga en cuenta que estas opciones de pegado variarán según el tipo de contenido copiado y la aplicación de origen. Normalmente, no será necesario otro formato, no obstante, es conveniente conocerlos por si nos son de utilidad.

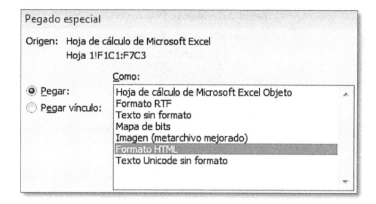

B   Vuelva a *Excel* y clique en la etiqueta de la **Hoja 2**, que contiene un gráfico circular. Clique en el borde del gráfico para seleccionarlo y cópielo. Al volver a *Word* y pegarlo tendrá un gráfico editable.

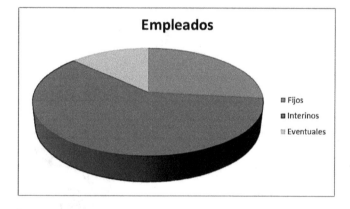

Si hacemos clic sobre el gráfico, aparecerá una **nueva ficha** en la cinta de opciones, **Herramientas de gráficos**, conteniendo las mismas herramientas para trabajar con gráficos que existen en *Excel*.

El hecho de que los gráficos se puedan modificar en el documento se debe que *Word* lleva incluida la opción de insertarlos directamente desde la ficha **Insertar**. Con todo, si queremos cambiar los datos en los que se basan, no podremos hacerlo en el documento y nos llevará a la hoja de cálculo. Por ello, debemos aprender a trabajar con *Excel*, la aplicación idónea para este tipo de elementos.

C   Abra ahora la base de datos de *Access* **Contenido Access.accdb**.

En el panel de la izquierda, **Todos los objetos de Access**, clique con el botón derecho sobre **Tabla Actividades Empresariales**, elija copiar, vuelva al documento y pegue el objeto.

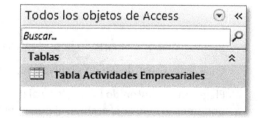

La tabla en *Word* contendrá los 60 registros de la tabla de *Access* y tendrá activada la repetición de filas de título.

Tabla Actividades Empresariales	
Id_Actividad	Actividad
1	Construcción
2	Cerámica
3	Comercio
4	Transporte Mercancías
5	Transporte de Viajeros
6	Educación
...	...

D Como última práctica del procedimiento de copiar-y-pegar para insertar contenido externo, veremos el resultado con una diapositiva de *PowerPoint*.

Abra la presentación **Contenido PowerPoint.pptx** y en el panel de miniaturas a la izquierda de la ventana clique con el botón derecho sobre una diapositiva, elija copiar, vuelva al documento y péguela.

La diapositiva aparecerá como una imagen.

E Veamos qué ocurre cuando importamos el contenido desde **Insertar > Objeto**.

En la ficha **Crear desde un archivo** clicaremos en **Examinar** para buscar el archivo que queremos insertar.

Elegiremos **Contenido Excel.xlsx** y al pulsar **Aceptar** obtendremos el archivo en la página. Alternativamente, podemos **arrastrar el archivo** al documento si lo tenemos a la vista.

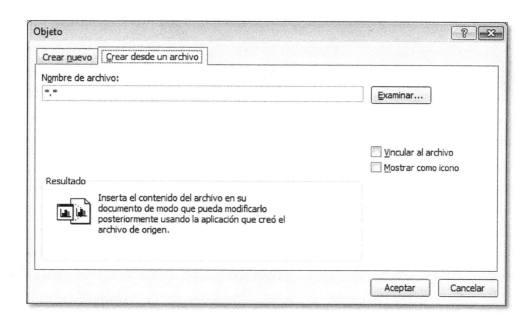

Al hacer doble clic sobre el mismo podremos modificarlo. Veremos que la cinta de opciones de *Word* cambiará para mostrar la cinta de *Excel* y podremos trabajar en el archivo incrustado directamente en el documento.

PORCENTAJE EMPLEADOS EJERCICIO ACTUAL		
	Empleados	Porcentaje
Fijos	3.500	27%
Interinos	7.893	60%
Eventuales	1.724	13%
TOTAL	13.117	100%

La zona delimitada que ocupa el archivo puede modificarse en cuanto a su posición y tamaño, y al clicar fuera de ella, volveremos al documento.

F   Lo mismo explicado arriba ocurrirá al insertar la presentación **Contenido PowerPoint.pptx**, pero en este caso la cinta de opciones será la de *PowerPoint* y el doble clic mostrará la presentación.

Para editarla habrá que usar el menú contextual y elegir **Objeto Presentación > Editar**.

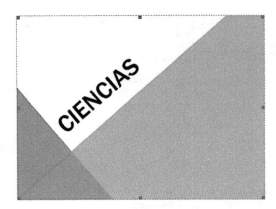

G Si realizamos la misma operación con la base de datos **Contenido Access.accdb** no veremos su contenido, sino un icono que abrirá el archivo en *Access*, es decir, <u>no podremos trabajar directamente en el documento</u>.

NOTA: Tanto si copiamos y pegamos, como si insertamos un objeto existe la opción de **vincular** el contenido (celdas, gráfico, tabla, diapositiva, etc.).

Si seleccionamos **Pegar vínculo** al pegar (pegado especial) o **Vincular al archivo** al insertar, el contenido que aparecerá en el documento de *Word* no será una copia, sino el archivo o la parte del <u>archivo original</u>. Por tanto, los cambios se habrán de realizar en el origen (*Excel, Access, PowerPoint*), mientras que, en el documento, simplemente se reflejarán dichos cambios.

Hay que tener muy presente que deberemos mantener el archivo original con el mismo nombre y en la misma carpeta, ya que, de lo contrario se romperá el vínculo y habrá que rehacerlo.

5.15   Opciones de Word

En diversas prácticas de temas anteriores hemos accedido a **Archivo > Opciones** para personalizar la cinta de opciones, la autocorrección, la ortografía y la gramática de *Word*, entre otras operaciones.

En este tema ampliaremos nuestro recorrido por el extenso menú de configuración del programa, fijándonos en aquellas opciones más habituales, no solo para activar/desactivar las que consideremos útiles, sino también para corregir algún posible cambio no deseado.

En el menú **General** podemos cambiar el nombre del usuario de todas las aplicaciones de *Office*, incluido *Word*.

En el menú **Mostrar** controlamos la impresión y si activamos **Actualizar campos antes de imprimir**, nos aseguramos de que los campos que hayamos insertado (número de caracteres, tamaño del archivo, autor, etc.) mostrarán la información correcta.

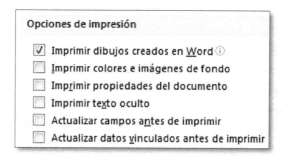

En **Guardar > Guardar documentos** establecemos el tiempo que ha de transcurrir para la próxima copia de seguridad automática que realiza *Word*.

Estas copias se utilizan para recuperar documentos que no han sido guardados debido a algún error que ha cerrado el programa o el sistema operativo de forma incorrecta.

En **Avanzadas > Opciones** de edición tenemos la opción de activar el modo de sobrescritura, el cual hace que el texto que escribimos sustituya al texto escrito delante. En versiones de *Word* antiguas, este modo era el predeterminado y, en principio, es más seguro no activarlo.

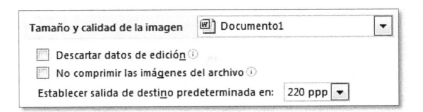

Si hemos de imprimir el documento con imágenes en la más alta calidad posible, seleccionaremos la casilla **No comprimir las imágenes del archivo** en **Avanzadas > Tamaño**, de lo contrario, se imprimirán a la resolución predeterminada abajo.

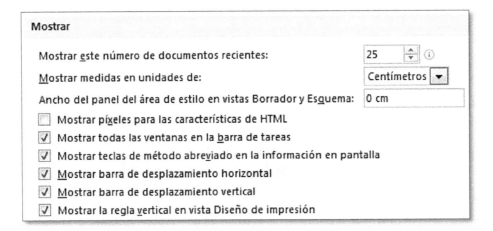

Por último, en el menú **Avanzadas** indicaremos el número de documentos recientes a mostrar en el menú **Archivo**, las unidades de medida y, además, contamos con opciones para mostrar/ocultar partes de la ventana de *Word*.

Apéndice: Atajos del teclado para Word 2010

A continuación, aparecen los atajos más útiles de *Microsoft Word 2010*. Si queremos obtener la lista completa, lo haremos buscando *métodos abreviados de teclado* en la ventana de ayuda de la aplicación.

Cinta de opciones	
Acción	**Teclas**
Contraer o expandir	Ctrl+F1
Activar navegación por teclado	Alt
Abrir ficha o activar comando	Alt y letra o número mostrado
Cancelar navegación por teclado	Alt (o Esc)
Ayuda	F1

Archivos y ventanas	
Acción	**Teclas**
Abrir archivo	Ctrl+A
Crear archivo	Ctrl+U
Guardar archivo	Ctrl+G
Guardar como	F12
Imprimir	Ctrl+P
Cerrar ventana de archivo	Ctrl+F4
Salir de la aplicación	Alt+F4
Cambiar de ventana de archivo	Ctrl+F6
Cambiar de ventana de aplicación	Alt+Tab
Maximizar o restaurar ventana	Ctrl+F10

Deshacer y rehacer	
Acción	**Teclas**
Cancelar una acción	Esc
Deshacer	Ctrl+Z
Rehacer o repetir	Ctrl+Y

Portapapeles	
Acción	**Teclas**
Copiar	Ctrl+C
Cortar	Ctrl+X
Pegar	Ctrl+V

Varios	
Acción	**Teclas**
Mostrar / Ocultar marcas de formato	Ctrl+(
Cuadro de diálogo Fuente	Ctrl+M
Configurar la impresión, vista previa de impresión	Ctrl+P
Insertar salto de página	Ctrl+Entrar
Insertar salto de línea	Mayús+Entrar
Buscar	Ctrl+B
Reemplazar	Ctrl+L
Ir a	Ctrl+I
Revisión de ortografía	F7

Formato de fuente

Acción	Teclas
Aumentar tamaño de fuente	Ctrl+> o Ctrl+Alt+> (de uno en uno)
Disminuir tamaño de fuente	Ctrl+< o Ctrl+Alt+< (de uno en uno)
Negrita	Ctrl+N
Cursiva	Ctrl+K
Subrayado	Ctrl+S
Versalitas	Ctrl+Mayús+L
Subíndice	Ctrl+signo igual (=)
Superíndice	Ctrl+signo más (+) del teclado ppal
Mayúsculas	Ctrl+Mayús+U
Cambiar entre mayúsculas, minúsculas y letra inicial en mayúsculas	Mayús+F3
Borrar formato de fuente	Ctrl+barra espaciadora

Formato de párrafo

Acción	Teclas
Alineación izquierda	Ctrl+Q
Alineación derecha	Ctrl+D
Alineación centrada	Ctrl+T
Alineación justificada	Ctrl+J
Interlineado sencillo	Ctrl+1
Interlineado de 1,5 líneas	Ctrl+5
Interlineado doble	Ctrl+2
Aumentar sangría izquierda o de primera línea	Tab
Disminuir sangría izquierda o de primera línea	Borrar
Copiar formato	Ctrl+Mayús+C
Pegar formato	Ctrl+Mayús+V
Borrar formato de párrafo y fuente	Ctrl+Mayús+A

Desplazamiento y selección

Acción	Teclas
Palabra izquierda / derecha	Ctrl+←/→
Párrafo arriba / abajo	Ctrl+↑/↓
Inicio de línea	Inicio
Final de línea	Fin
Pantalla arriba / abajo	Re Pág/Av Pág
Inicio / Fin texto en pantalla	Alt Gr+Re Pág/Av Pág
Página siguiente/anterior	Ctrl+Re Pág/Av Pág
Inicio de documento	Ctrl+Inicio
Final de documento	Ctrl+Fin
Seleccionar desde la posición del cursor hasta lo citado arriba	Mayús+las teclas citadas arriba
Seleccionar todo	Ctrl+E

Desplazamiento en tablas

Acción	Teclas
Celda siguiente	Tab o →
Celda anterior	Mayús+Tab o ←
Principio celda izquierda / derecha	Alt+↑/↓
Celda inicial / final de fila	Alt+Inicio/Fin
Celda inicial / final de columna	Alt+Re Pág/Av Pág

Selección en tablas

Acción	Teclas
Celdas / Filas	Mayús+←/→/↑/↓
Columnas	Mayús+Alt+Av Pág (hacia abajo) Mayús+Alt+Re Pág (hacia arriba)
Tabla	Alt+5 del teclado numérico con la tecla Bloq Num inactiva